B2

Recursos gratis para e
campus difusión

MW00993202

gente
hoy
3
Libro de trabajo

Curso de español basado en el enfoque por tareas

Ernesto Martín Peris
Nuria Sánchez Quintana
Neus Sans Baulenas
Antonio Vañó Aymat

gente hoy 3

Libro de trabajo

Autores
Ernesto Martín Peris
Nuria Sánchez Quintana
Neus Sans Baulenas
Antonio Vañó Aymat

Asesoría pedagógica
Jaume Muntal

Asesores internacionales
Alemania: Rubén Cabello Justo, Instituto Cervantes de Frankfurt; Brasil: Laura Fresno Tejedor, Instituto Cervantes de Río de Janeiro; España: Laura Múrtula, Academia DIME; María José González Madariaga, Universidad de Sevilla; Francia: María Dolores Alonso García, Instituto Cervantes de París; Marruecos: Manuela Gil Toresano, Instituto Cervantes de Marrakech; Rusia: Rocío Garrido Añón, Instituto Cervantes de Moscú; Serbia: Jesús Herrera, Instituto Cervantes de Belgrado.

Coordinación editorial y redacción
Paco Riera

Diseño y dirección de arte
Natural, Juan Asensio

Maquetación
Juan Asensio

Corrección
Carmen Aranda

Ilustraciones
Pere Virgili
excepto: Alejandro Milà (págs. 9, 16, 26, 33, 46, 53, 64, 83, 93, 114, 115), Àngel Viola (págs. 8, 12, 34, 44, 56, 73, 95, 104), Martín Tognola (págs. 58, 59)

Fotografías
Unidad 1 pág. 8 Theodor38/Dreamstime, wordreference.com, Manaemedia/Dreamstime, ceibal.edu.uy, Dennis Connelly/Dreamstime, pág. 11 María Moliner, pág. 13 Wam1975/Dreamstime, pág. 17 Fotoschab/Dreamstime; **Unidad 2** pág. 18 Pelotica/Wikimedia Commons, lolostock/Istockphoto, sensacine.com, Premios Goya 2014 / Alberto Ortega, bepsphoto/Fotolia, Universal Pictures Iberia, S.L., pág. 19 premiosgoya.academiadecine.com/, sensacine.com, pág. 23 warrengoldswain/Istockphoto, Geber86/Istockphoto, pág. 24 clipartzebra.com, moviepilot.com, amazingpict.com; **Unidad 3** pág. 28 popsugar.com, Minerva Studio/Fotolia, Popperfoto/Getty Images, Alianza Editorial, Dmitry Mizintsev/Dreamstime, kilala/Fotolia, The White House/Getty Images, pág. 29 mundomaxny.com, pág. 30 simboloabierto.wordpress.com, pág. 32 Resti García, moviespix.com, pág. 36 escuelapedia.com; **Unidad 4** pág. 38 underwaterstas/Fotolia, Billysiew/Dreamstime, Andreas P/Fotolia, Bigmax/Dreamstime, Alexsalcedo/Dreamstime, pág. 40 zonu.com, Difusion, pág. 42 RelaxFoto.de/Istockphoto, pág. 43 mihtiander/Istockphoto; **Unidad 5** pág. 48 brandstories.net, cieivissa.org,

ESCALA/Fotolia, Adam Gregor/Fotolia, zuchero/Fotolia, wraparts.com, pág. 49 Martinan/Fotolia, pág. 50 Procuraduría Federal del Consumidor de México, pág. 51 jerezlocal.com, pág. 54 amnistiacatalunya.org, pág. 55 Azurita/Dreamstime, Boarding1now/Dreamstime; **Unidad 6** pág. 58 apomares/Istockphoto, ilbusca/Istockphoto, PeopleImages/Istockphoto, Bialasiewicz/Dreamstime, Tempura/Istockphoto, pág. 61 Resti García, pág. 63 Scott Griessel/Dreamstime, pág. 66 Joana Lopes/Dreamstime; **Unidad 7** pág. 68 Juanrvelasco/Dreamstime, theguardian.com, Jonathanfett/Dreamstime, Spaxia/Dreamstime, Maldives001/Dreamstime, pág. 69 razon.com.mx, pág. 70 Rawpixelimages/Dreamstime, Imtmphoto/Dreamstime, Redzaal/Dreamstime, pág. 71 Rawpixelimages/Dreamstime, pág. 74 nidwlw/Istockphoto; **Unidad 8** pág. 78 Sjhuls/Dreamstime, Monkey Business Images/Dreamstime, 06photo/Dreamstime, Skaloo/Dreamstime, Zstockphotos/Dreamstime, pág. 80 nito500/123RF, pág. 82 lecturas.com, pág. 86 juanjotarud.com; **Unidad 9** pág. 88 Jason Doly/Istockphoto, Fotomicar/Dreamstime, Difusion, Iván Quintanilla/travelingiq.com, Shaffandi/Dreamstime, edurivero/Istockphoto, pág. 91 Juanmonino/Istockphoto, pág. 96 DavorLovincic/Istockphoto; **Unidad 10** pág. 98 RapidEye/Istockphoto, goodluz/123RF, Thefinalmiracle/Dreamstime, konstantynov/123RF, Rose-Stella Ahmed/123RF, pág. 101 Rawpixelimages/Dreamstime, Chetverikoff/Dreamstime, pág. 103 Anita Patterson Peppers/Dreamstime, pág. 105 fieldphotos.info, picphotos.net, publisur.net, bestbuy.com, koreanjobs.blogspot.com.es, Adam121/Dreamstime, pág. 106 nensuria/Istockphoto; **Unidad 11** pág. 108 tonywideman.com, AndreyPopov/Istockphoto, Wavebreakmedia/Istockphoto, Wavebreakmedia Ltd/Istockphoto, Dolgachov/Dreamstime, IS_ImageSource/Istockphoto, pág. 111 Photographerlondon/Dreamstime.
Cubierta Joan Sanz/Difusión (Ernesto Che Guevara), Popperfoto/Getty Images (Lorca), repro-arte.com (Diego Rivera), Ingrampublishing/Photaki, Adolfo López/Photaki, Ingrampublishing/Photaki, IS2/Photaki, Kota, Silvana Tapia Tolmos, Edith Moreno, Emilio Marill, Sergio Troitiño, Ingrampublishing/Photaki, Barbara Ceruti, Claudia Zoldan, Adolfo López/Photaki, Ludovica Colussi, Difusion, sodaniechie/Flickr, Juan Asensio, Sandra Gobeaux.

Grabación CD
Difusión, Estudios 103, CYO Studios
Locutores: María Isabel Cruz (Colombia), Carlos Cuevas (España), Silvia Dotti (Uruguay), Camilo Parada (Chile), Arnau Puig (España), Mª Carmen Rivera (España), Nuria Sánchez (España)

Agradecimientos
Sergio Troitiño

ISBN: 978-84-15640-41-7
Depósito legal: B 1341-2016
Impreso en España por Gómez Aparicio
Reimpresión: enero 2018

Este Libro de trabajo tiene como finalidad primordial consolidar los conocimientos y las destrezas lingüísticas que se han desarrollado con las actividades del Libro del alumno, del cual es complemento imprescindible. Para ello proporciona ejercicios, en su mayor parte de ejecución individual, centrados en aspectos particulares del sistema lingüístico (fonética, morfosintaxis, vocabulario, ortografía, estructuras funcionales, discursivas y textuales, etc.) que se practican en las actividades del Libro del alumno.

La experiencia de miles de usuarios en las ediciones anteriores y sus valoraciones de este Libro de trabajo como una herramienta tan importante como el Libro del alumno nos han permitido mejorar tanto los contenidos como el diseño gráfico de esta nueva versión de **gente**.

gente
hoy

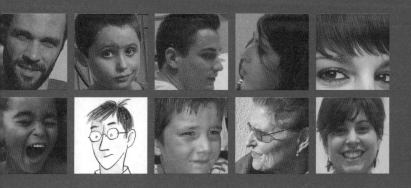

cómo funciona
gente hoy
Libro de trabajo

PÁGINA DE ENTRADA

Esta página ofrece una visión de conjunto de los ejercicios de la unidad y sus objetivos, así como una actividad para activar el vocabulario que vas a necesitar durante la secuencia de aprendizaje.

Estos iconos te informan sobre el tipo de trabajo que te propone el ejercicio: hablar con los compañeros, escuchar una grabación, tomar notas, elaborar una producción escrita o buscar en internet.

89-99

También hay un recurso de referencia a las actividades del Libro del alumno.

LA 1

"Primeras palabras" es un ejercicio para activar los conocimientos sobre el vocabulario de la unidad.

Aquí se encuentra la lista de todos los ejercicios de la unidad y el principal contenido de aprendizaje de cada uno.

EJERCICIOS

En estas páginas se presentan numerosos ejercicios pensados para ayudarte a practicar los contenidos (gramaticales, léxicos, comunicativos, pragmáticos, etc.) y las habilidades lingüísticas propuestos en el Libro del alumno.

Cómo trabajar con estas páginas

▶ La mayoría de los ejercicios los puedes realizar de manera individual.

▶ Puedes escoger qué quieres repasar por tu cuenta o en qué aspecto de las propuestas del Libro del alumno quieres profundizar.

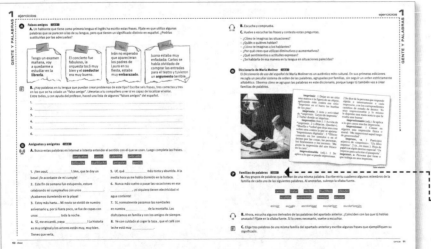

Los ejercicios incorporan un recurso que indica a qué actividades del Libro del alumno complementan.

Se incluyen ejercicios con audios para que puedas mejorar tu capacidad de comprender la lengua oral a tu propio ritmo.

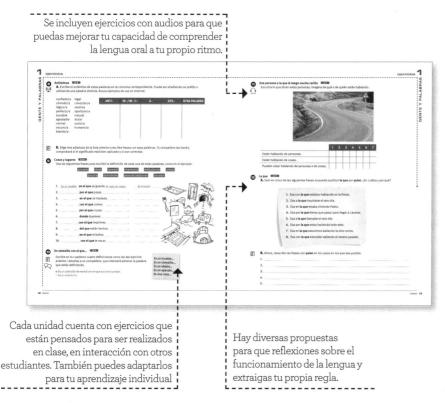

▶ Encontrarás ejercicios centrados en el vocabulario donde tendrás que usar tu diccionario, internet o releer algún texto del Libro del alumno.

▶ Algunos ejercicios los puedes hacer en clase con tus compañeros de curso.

Cada unidad cuenta con ejercicios que están pensados para ser realizados en clase, en interacción con otros estudiantes. También puedes adaptarlos para tu aprendizaje individual

Hay diversas propuestas para que reflexiones sobre el funcionamiento de la lengua y extraigas tu propia regla.

Cómo trabajar con estas páginas

▶ Sigue los trucos; te ayudarán a aprender más y enfrentarte mejor a las situaciones reales de comunicación.

▶ Ten en cuenta que no solo es importante aprender la lengua, sino también aprender a ser un mejor aprendiz de lenguas.

AGENDA

La doble página final de la unidad se relaciona con los objetivos del Portfolio europeo de las lenguas (PEL), ya que aborda tanto aspectos estratégicos de la comunicación como de control del aprendizaje.

En esta sección los ejercicios te ayudarán a experimentar y hacer explícitos diversos procesos con el fin de ser más autónomo y aprender mejor el español.

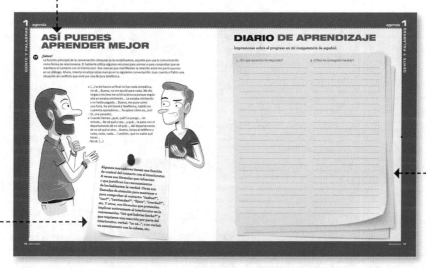

Encontrarás pequeños trucos y estrategias para mejorar tus habilidades de comunicación en español y tu proceso de aprendizaje.

Al final de cada unidad podrás valorar tu progreso en una sección fija: el diario de aprendizaje del estudiante.

Recursos gratis para estudiantes y profesores

campus ॐ difusión

gente y **palabras**

❶ Primeras palabras

A. Aquí tienes palabras y expresiones útiles para esta unidad. ¿Las conoces? ¿Puedes relacionarlas con las imágenes?

diccionario en línea .... acepción .... malentendido .... sonar bien

orden alfabético .... definición .... evocar una experiencia ....

traer buenos recuerdos .... estrategia de aprendizaje ....

B. ¿Conoces otras palabras en español que puedan ser útiles para esta unidad? Escríbelas en tu cuaderno.

2 **Acepciones** `LA 1`

A. Lee las diferentes acepciones de la palabra **fuente** que aparecen en el diccionario.

> **fuente.** (Del latín «fons, -ntis») | 1 Lugar de donde brota agua procedente de una corriente subterránea natural o conducida artificialmente. | 2 Construcción, a veces monumental, en la que hay instalados surtidores de agua. | 3 Recipiente de forma redonda u ovalada que se emplea para servir la comida. | 4 Causa u origen: sitio, hecho, ocasión, etc., de donde procede algo.

B. Lee estas frases. ¿A qué acepción corresponde cada una de ellas?

a. La cena fue fabulosa, sirvieron los postres en **fuentes** de plata. Acepción núm ☐ ....

b. El restaurante es su única **fuente** de ingresos. ....

c. Llegas hasta la plaza Mayor, una que tiene una **fuente** muy grande en el centro, y allí giras a la derecha por la avenida García Lorca... ....

d. Fuimos de excursión con Óscar y Nacho, llegamos hasta la sierra de la Magdalena. Allí bebimos un agua riquísima en la **fuente** que había al lado de la ermita. ....

C. Busca en un diccionario las siguientes palabras. Escribe dos frases con cada una y léeselas a un compañero, que adivinará a qué acepción corresponde.

servir   banco   galería   plantar

banco

1. a. ....
   b. ....
2. a. ....
   b. ....
3. a. ....
   b. ....
4. a. ....
   b. ....

3 **Definimos palabras** `LA 1`

A. Escribe las definiciones de las siguientes palabras. Usa algunas de las estrategias que aparecen en el Libro del alumno.

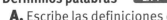

alegría   oveja   alfombra   aburrido/a   subir

interesante   amigo/a   retraso

B. Compara tus definiciones con las de tus compañeros. ¿Usas las mismas estrategias que ellos para definir las palabras? Entre todos escribid una lista con las estrategias más frecuentes

GENTE Y PALABRAS

4 Falsos amigos `LA 6`

A. Un hablante que tiene como primera lengua el inglés ha escrito estas frases. Fíjate en que utiliza algunas palabras que se parecen a las de su lengua, pero que tienen un significado distinto en español. ¿Podrías sustituirlas por las adecuadas?

Tengo un examen mañana, voy a quedarme a estudiar en la **librería**.

El concierto fue fabuloso, la orquesta tocó muy bien y el **conductor** era muy bueno.

Iván no esperaba que aparecieran los padres de Laura en su fiesta, estaba muy **embarazado**.

Juana estaba muy enfadada: Carlos se había olvidado de comprar las entradas para el teatro y tuvieron un **argumento** terrible.

 B. ¿Hay palabras en tu lengua que puedan crear problemas de este tipo? Escribe seis frases, tres correctas y tres en las que se ha colado un "falso amigo". Léeselas a tu compañero a ver si es capaz de localizar el error. Entre todos, y con ayuda del profesor, haced una lista de algunos "falsos amigos" del español.

1. ....

2. ....

3. ....

4. ....

5. ....

6. ....

5 Amiguetes y amigotes `LA 8`

  A. Busca estas palabras en internet e intenta entender el sentido con el que se usan. Luego completa las frases.

amiguetes	casita	calentito	peliculón
peliculita	pueblucho	amigotes	gordita

1. ¡Ven aquí, ...! ¡Ven, que te doy un beso! ¡Te acordaste de mi cumple!

2. Este fin de semana fue estupendo, estuve celebrando mi cumpleaños con unos .... ¡Acabamos durmiendo en la playa!

3. Estoy más harta... Mi novio se olvidó de nuestro aniversario y, por si fuera poco, se fue de copas con unos .... toda la noche.

4. Sí, me encantó, ¡vaya ....! La historia es muy original y los actores están muy, muy bien. Tienes que verla.

5. Uf, qué .... más tonta y aburrida. A la media hora ya me había dormido en la butaca.

6. Nunca más vuelvo a pasar las vacaciones en ese ...., ¡ni siquiera tienen electricidad ni agua corriente!

7. Sí, normalmente pasamos las navidades en nuestra .... de la montaña. Las disfrutamos en familia y con los amigos de siempre.

8. Ve con cuidado al coger la taza , que el café con leche está muy ....

01-08

B. Escucha y comprueba.

C. Vuelve a escuchar las frases y contesta estas preguntas.

– ¿Cómo te imaginas las situaciones?
– ¿Quién o quiénes hablan?
– ¿Cómo te imaginas a los hablantes?
– ¿Por qué crees que utilizan diminutivos y aumentativos?
– ¿Qué sentimientos o actitudes expresan?
– ¿Se hablaría de esa manera en tu lengua en situaciones parecidas?

6 **Diccionario de María Moliner** `LA 8`

El *Diccionario de uso del español* de María Moliner es un auténtico mito cultural. En sus primeras ediciones recogía un peculiar sistema de orden de las palabras, agrupadas por familias, sin seguir un orden estrictamente alfabético. Observa cómo se agrupan las palabras en este diccionario, porque luego tú también vas a crear familias de palabras.

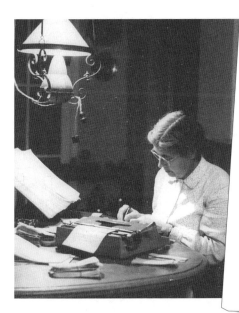

imprimir. 1 Dejar en un sitio una marca o la figura de un objeto, aplicando este contra ese sitio: 'Imprimir en el barro las huellas de los pies'.

imprenta. 1 Arte y actividad de *imprimir: 'Leyes de imprenta'. 2 Taller donde se imprime.

impresión (fem.). 1 Acción de *imprimir. 2 («Marcar, Quedar»). *Huella o *señal que deja una cosa sobre otra contra la que se aprieta: 'Impresiones digitales'. 3 *Efecto causado en los sentidos o en el ánimo por las cosas, las personas, los fenómenos o los sucesos: 'Me gusta la impresión del aire fresco en la cara'.

impresionable (adj.). 1 Se aplica a lo que se puede impresionar. 2 Se dice de la persona que responde rápida e intensamente a cada impresión, con los correpondientes cambios de estado de ánimo: 'Es muy impresionable y lo mismo le deprime una mala noticia que le exalta una buena'.

impresionante (adj.). Se aplica a lo que causa mucha impresión.

impresionar. 1 Causar en alguien una impresión física o moral: 'Me impresionó aquel rasgo de generosidad'.

impreso, -a. 1 Participio adjetivo de «imprimir»: 'Un libro impreso'. 2 (n., en masc.). Hoja de papel con algún destino especial: 'Un impreso para solicitar el pasaporte'.

impresor, a. Persona que tiene o que trabaja en una imprenta.

Texto adaptado

7 **Familias de palabras** `LA 8`

A. Hay grupos de palabras que derivan de una misma palabra. Escribe en tu cuaderno algunos miembros de la familia de cada una de las siguientes palabras. Al anotarlas, subraya la sílaba fuerte.

centro tratar recibir fructífero ofender
oculista economía heredar escolar

escolar escuela escolaridad escolarizar escolarización

09

B. Ahora, escucha algunos derivados de las palabras del apartado anterior. ¿Coinciden con las que tú habías anotado? Fíjate en la sílaba fuerte. Si lo crees necesario, vuelve a escuchar.

C. Elige tres palabras de una misma familia del apartado anterior y escribe algunas frases que ejemplifiquen su significado.

GENTE Y PALABRAS

8 Antónimos LA 8

A. Escribe el antónimo de estas palabras en la columna correspondiente. Puede ser añadiendo un prefijo o utilizando una palabra distinta. Busca ejemplos de uso en internet.

confiado/a   legal
cómodo/a   conocido/a
lógico/a   vestirse
perfecto/a   oportuno/a
sociable   natural
agradable   dulce
normal   sucio/a
oscuro/a   humano/a
blando/a

ANTI–	IN–/IM–/I–	A–	DES–	OTRA PALABRA

B. Elige tres adjetivos de la lista anterior y escribe frases con esas palabras. Tu compañero las leerá y comprobará si el significado está bien aplicado y si son correctas.

9 Cosas y lugares LA 9

Usa las siguientes frases para escribir la definición de cada una de estas palabras, como en el ejemplo.

armario   túnel   tenedor   impresora   ambulancia   cristal

piscina   dormitorio   paso de peatones   secador

1. ...Es un mueble... **en el que** se guarda _la ropa en casa._ ......_el armario_......

2. .... **por el que** pasas ....

3. .... **en el que** se traslada ....

4. .... **con el que** comes ....

5. .... **por el que** cruzas ....

6. .... **donde** duermes ....

7. .... **con el que** imprimes ....

8. .... **del que** están hechos ....

9. .... **en el que** te bañas ....

10. .... **con el que** te secas ....

10 Un utensilio con el que... LA 9

Escribe en tu cuaderno cuatro definiciones como las del ejercicio anterior. Léeselas a un compañero, que intentará adivinar la palabra que estás definiendo.

● Es un utensilio de metal con el que se sirve la sopa.
○ Es un cucharón.

Es un mueble...
Es un utensilio...
Es un objeto...
Es un aparato...
Es una cosa...

11 Una persona a la que le tengo mucho cariño `LA 9`

Escucha lo que dicen estas personas. Imagina de qué o de quién están hablando.

10-16

	1	2	3	4	5	6	7
Están hablando de personas.							
Están hablando de cosas.							
Pueden estar hablando de personas o de cosas.							

12 La que `LA 9`

A. Solo en cinco de las siguientes frases se puede sustituir **la que** por **quien**. ¿En cuáles y por qué?

1. Esa con **la que** estabas hablando en la fiesta.

2. Esa a **la que** insultaste el otro día.

3. Esa en **la que** estaba viviendo Pablo.

4. Esa por **la que** tienes que pasar para llegar a Cáceres.

5. Esa a **la que** llamaste el otro día.

6. Esa por **la que** estoy haciendo todo esto.

7. Esa en **la que** estuvimos bailando la otra noche.

8. Esa con **la que** estuviste saliendo el verano pasado.

B. Ahora, reescribe las frases con **quien** en los casos en los que sea posible.

1. ....

2. ....

3. ....

4. ....

5. ....

13 Combinaciones `LA 10`

Con ayuda del diccionario o de internet intenta relacionar las siguientes palabras. ¿Qué palabras de la primera columna se refieren a unidades y cuáles a grupos de objetos? Subraya las combinaciones que te resultan útiles para hacer la compra.

una docena	de billetes
una barra	de cartas
un rebaño	de cerillas
una baraja	de estrellas
una banda	de flores
un ramo	de huevos
un fajo	de jamón
una caja	de merluza
una constelación	de músicos
una rodaja	de naranja
un racimo	de nieve
una loncha	de ovejas
un copo	de pan
un gajo	de uvas

14 Colocaciones `LA 10`

A. En todas las lenguas, algunas palabras suelen combinarse con otras. Elige el verbo que normalmente acompaña a las siguientes palabras.

una reunión	cometer
una mala época	pronunciar
un ministro	cometer
un error	sufrir
un asesinato	hacer
buenas relaciones	soplar
una enfermedad	realizar
un esfuerzo	mantener
la factura	nombrar
un discurso	convocar
un cumpleaños	contar
un chiste	celebrar
el viento	pasar
amigos	ascender a

B. Elige cuatro de las combinaciones anteriores que no conocías y escribe una frase con cada una.

1. ....

2. ....

3. ....

4. ....

Cargar las pilas

A. Relaciona las expresiones fijas y locuciones en negrita con su significado correspondiente.

1. Rafael se emborrachó en la fiesta y **le dio la lata** a todo el mundo. Al final tuvieron que echarle de allí.

2. Voy a cambiar este ordenador; se estropea **cada dos por tres**.

3. Ayer se celebró en el departamento de lengua una **mesa redonda** acerca de las nuevas formas de comunicación.

4. Carlos **está muy chapado a la antigua**: no usa correo electrónico; prefiere escribir cartas.

5. Creo que después de estos meses trabajando en el proyecto necesito desconectar y **cargar las pilas**.

6. No le hagas caso. A Carlos a veces **se le cruzan los cables** y se enfada por nada.

7. No entiendo cómo actúa mi jefe, toma decisiones **sin ton ni son**.

8. Necesito que **me eches una mano**: tengo que entregar el informe esta tarde y no puedo acabarlo solo.

9. En clase Marta siempre **está en las nubes**, por eso nunca sabe qué contestar cuando le preguntan.

10. Las últimas lluvias **echaron a perder** toda la la cosecha de manzanas.

a. estropear
b. recuperar energía
c. frecuentemente
d. una terturlia de expertos
e. ser despistado, soñador
f. sin motivo ni razón
g. ayudar
h. actuar de manera ilógica
i. de ideas y formas de comportamiento anticuado
j. molestar

B. Busca expresiones en tu lengua que tengan el mismo significado que alguna de estas expresiones españolas. Compara con las versiones de estas expresiones en las lenguas de tus compañeros.

> Pues en inglés la expresión "to lend a hand" es parecida a "echar una mano" y significa también "ayudar a alguien"...

 C. Averigua el significado de dos de estas expresiones y escribe luego una frase con cada una de ellas como en el apartado A. Léelas a tus compañeros, ¿pueden descubrir el significado de las expresiones que has elegido?

de cabo a rabo   duro de pelar   callejón sin salida   a duras penas

más chulo que un ocho   poner el grito en el cielo   salirse con la suya

 Neologismos

A. La lengua está sometida a un continuo proceso de creación. Inventamos nuevas palabras (neologismos) o añadimos nuevos significados a palabras que ya existen. Hay áreas temáticas nuevas que tienen una gran influencia sobre la comunicación; un ejemplo de ello es el área de las tecnologías de la información. Lee esta conversación y subraya las palabras relacionadas con el campo de la tecnología. ¿Entiendes su nuevo significado?

> Estoy agotada, llevo diez meses trabajando en este proyecto y creo que ya no puedo más, necesito desconectar.

> Sí, está claro que deberías irte de vacaciones, descansar y recargar las pilas; ya mismo. Vamos, no esperes ni una semana más. ¿Por qué no te vas con Cecilia? Creo que ella también quiere irse por ahí...

> ¡Uf!, no, con Cecilia no. No sé qué pasa últimamente pero no conectamos.

> Pues no sé por qué. Es una persona estupenda. ¿Tú aún sigues enfadada con ella por la historia aquella que tuvo con Carlos? Fue hace mucho tiempo, ya no tiene nada que ver... Bueno, es verdad, a veces se le cruzan los cables, y no sabes lo que puede pasar... Oye, ¿y con César?

> No sé, hace mucho tiempo que no sé nada de él. ¿Sigue en la misma empresa?

> Sí, y estaría encantado de irse de vacaciones contigo. Venga, intenta contactar con él.

B. ¿Ocurre algo parecido en tu lengua? ¿Conoces alguna palabra en español del campo de los deportes o del automóvil, o de otro campo, que en los últimos años se utilice con nuevos significados? Haz una lista de esas expresiones y comparte la información con tus compañeros.

ASÍ PUEDES APRENDER MEJOR

17 **¿Sabes?**

La función principal de la conversación coloquial es la socializadora, aquella que usa la comunicación como forma de relacionarse. El hablante utiliza algunos recursos para animar o para comprobar que se mantiene el contacto con el interlocutor. Son marcas que manifiestan la relación entre los participantes en un diálogo. Ahora, intenta localizar estas marcas en la siguiente conversación: Juan cuenta a Pablo una situación de conflicto que vivió por una factura telefónica.

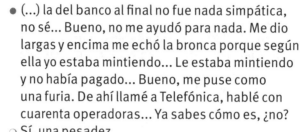

- (...) la del banco al final no fue nada simpática, no sé... Bueno, no me ayudó para nada. Me dio largas y encima me echó la bronca porque según ella yo estaba mintiendo... Le estaba mintiendo y no había pagado... Bueno, me puse como una furia. De ahí llamé a Telefónica, hablé con cuarenta operadoras... Ya sabes cómo es, ¿no?
- ○ Sí, una pesadez.
- Cuando llamas: ¿qué, qué? Le pongo... Un minuto... No sé qué y vas... y qué... le paso con el departamento de no sé qué..., del departamento de no sé qué al otro... Bueno, horas al teléfono y nada, nada, nada... La cuestión, que no sabía qué hacer...
- ○ No sé. (...)

Algunos marcadores tienen una función de control del contacto con el interlocutor. A veces son fórmulas que refuerzan o que justifican los razonamientos de los hablantes: la verdad. Otras son llamadas de atención para mantener o para comprobar el contacto: "¿sabes?", "¿no?", "¿entiendes?", "fíjate", "¿verdad?", etc. Y otras, son fórmulas que pretenden implicar activamente al interlocutor en la conversación: "¿tú qué habrías hecho?" y que requieren una reacción por parte del interlocutor, verbal: "no sé...", o no verbal: un asentimiento con la cabeza, etc.

DIARIO DE APRENDIZAJE

Impresiones sobre el progreso en mi competencia de español:

1. ¿En qué aspectos he mejorado?

....

....

....

....

....

....

....

....

....

....

....

....

....

....

....

....

....

....

2. ¿Cómo he conseguido hacerlo?

....

....

....

....

....

....

....

....

....

....

....

....

....

....

....

....

....

....

2

gente de cine

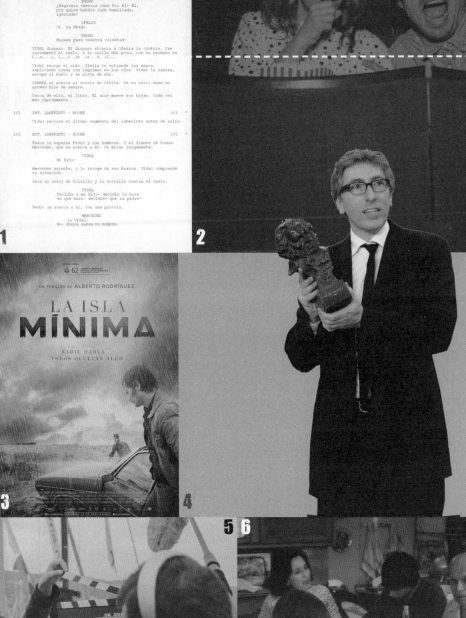

1 **Primeras palabras**

A. Aquí tienes algunas palabras y expresiones útiles sobre el cine. ¿Las conoces? Intenta relacionarlas con las imágenes.

rodaje...... actriz...... claqueta...... espectador......
reparto / elenco...... cartel...... personaje...... largometraje......
guion cinematográfico...... guionista...... escena...... premio......

B. ¿Conoces otras palabras en español que puedan ser útiles para esta unidad? Escríbelas en tu cuaderno.

2 **Los Premios Goya** `LA 2`

Entra en la web de la academia de cine español y busca las películas ganadoras de la última edición de los Premios Goya en estas categorías.

Premios goya

película española	**interpretación masculina**
iberoamericana	protagonista
europea	de reparto
de animación	**interpretación femenina**
documental	protagonista
dirección	de reparto
artística	**montaje**
de fotografía	**diseño de vestuario**
guion original	**efectos especiales**
adaptado	**música original**
	canción original

3 **Cartelera** `LA 2`

A. Lee las sinopsis de estas tres películas y comenta con tus compañeros cuál de los tres argumentos te parece más original. Cada película pertenece a un género diferente: localiza en las sinopsis los elementos característicos de cada género.

La isla mínima

Dirección: **Alberto Rodríguez**
Guion: **Alberto Rodríguez, Rafael Cobos**
País: **España**
Año: **2014**
Duración: **105 min.**
Reparto: **Raúl Arévalo, Javier Gutiérrez, Nerea Barros, Antonio de la Torre, Jesús Castro, Mercedes León**
Productora: Atresmedia Cine / Atípica Films / Sacromonte Films
Sinopsis:
España, comienzos de los años 80. Juan y Pedro, dos policías de ideología y métodos totalmente opuestos, llegan a un pueblo del sur, situado en las marismas del Guadalquivir, para investigar la desaparición y el violento asesinato de dos chicas adolescentes durante las fiestas del pueblo. Durante sus pesquisas averiguarán que este no es el único caso de desaparición de chicas en la zona. Para descubrir al asesino tendrán que enfrentarse a una comunidad cerrada y hostil, y luchar, además, contra sus propios demonios interiores.

Atrapa la bandera

Dirección: **Enrique Gato**
Guion: **Jordi Gasull**
País: **España**
Año: **2015**
Duración: **91 min.**
Reparto: **Animación**
Productora: **Telecinco Cinema / Telefónica Studios / Los Rockets AIE**
Sinopsis:
Esta cinta de animación cuenta como Richard Carson, un poderoso multimillonario, quiere colonizar la Luna y explotar el Helio 3, la fuente de energía del futuro. Para conseguirlo, tiene que borrar de la historia la misión de los astronautas del *Apolo XI* y sus primeros pasos por la Luna, algo que gran parte de la población mundial cree que es mentira. Mike Goldwig, un simpático surfero de 12 años, con la ayuda de sus amigos Marty y Amy y de su mascota, un pequeño lagarto, intentará impedir los planes del ambicioso Carson. Mike y sus compañeros viajan a la Luna acompañados por el abuelo de Mike, un antiguo astronauta que lleva años sin tener contacto con su familia. Para acabar con los planes del malvado multimillonario, Mike deberá atrapar la bandera que los astronautas del *Apolo XI* plantaron en la Luna.

El laberinto del fauno

Dirección y guion: **Guillermo del Toro**
Países: **México y España**
Año: **2006**
Duración: **112 min.**
Reparto: **Sergi López, Maribel Verdú, Ivana Baquero, Álex Angulo, Ariadna Gil, Doug Jones**
Productora: **Tequila Gang / Estudios Picasso / OMM Productions / Sententia Entertainment / Telecinco**
Sinopsis:
1944, posguerra española. Ofelia, una niña de 13 años, llega con su madre, Carmen, que está embarazada, a un pequeño pueblo del norte de España para encontrarse con el nuevo marido de Carmen, el capitán Vidal. El objetivo del cruel capitán Vidal, a quien Ofelia no quiere, es el de acabar con los últimos miembros de la resistencia republicana, escondidos en los montes. Una noche Ofelia, amante de los cuentos y leyendas, descubre las ruinas de un laberinto y allí un fauno le revela que ella es una princesa y que su pueblo la lleva esperando mucho tiempo. Para poder regresar a su reino mágico deberá realizar tres pruebas antes de la luna llena.

B. Ahora escribe las sinopsis de dos películas que te hayan parecido originales. Leedlas luego en clase, sin decir el título, para ver si alguien reconoce la película.

4 En busca de John Lennon [LA 3]

A. En este fragmento del guion de *Vivir es fácil con los ojos cerrados* se han desordenado las acotaciones. Escucha el fragmento y luego decide dónde las colocarías tú. Compara tus soluciones con las de algún compañero.

17

GUION

☐ --

ANTONIO: Venimos de Albacete, de La Mancha, y queríamos pasar para verle. Va a ser un minuto, nada más.

☐ --

GUARDIA CIVIL: De todas maneras, espérese usted ahí en el coche, que voy a consultarlo con la (producción) inglesa. Váyase usted para allá, para el coche.

☐ --

ANTONIO: Qué pesados, que ni acercarnos nos dejan.

☐ --

GUARDIA CIVIL: Que dice la producción que sin permiso no se puede pasar.
ANTONIO: ¿Y dónde está la producción? Habrá unas oficinas, o algo, digo yo...
GUARDIA CIVIL: Eso tiene usted que ir a Almería.
ANTONIO: Déjeme pasar, haga el favor.
GUARDIA CIVIL: Aquí no se le hacen favores a nadie.

☐ --

ANTONIO: Me cago en la os... curidad bendita.
BELÉN: ¿Y no podemos llegar hasta el rodaje por otro lado?
ANTONIO: Como no vayamos campo a traviesa... Pero estos nos pegan un tiro.
BELÉN: ¿Y están ahí?
ANTONIO: Eso me han dicho. Pero claro, a lo mejor él está en su día libre, o... yo que sé, yo qué sé.

☐ --

ANTONIO: ¡Están allí!

☐ --

ANTONIO: ¡Pero si es un campamento increíble! ¡Hay hasta tanques!

☐ --

ACOTACIONES

1. Estamos en el desierto de Tabernas. El coche de Antonio avanza por un camino de tierra. Llegan hasta una valla que bloquea el paso. A ambos lados los coches de la guardia civil. Uno de ellos le da el alto. Antonio para el coche y se baja con gesto optimista. Belén permanece en el interior y le ve hablar con los guardias civiles.

2. Belén levanta la mirada tratando de ver la playa. Desde lo alto del coche, Antonio ve las caravanas y los tanques.

3. El guardia civil retrocede hasta un Land Rover cercano. Pertenece a la seguridad inglesa de la película, hay dos pelirrojos con gafas de sol. El guardia civil señala hacia Antonio y trata de explicar algo. Antonio va hacia Belén.

4. El guardia civil recibe la negativa de los dos pelirrojos y vuelve a su lugar. Antonio se acerca presto, con buena disposición. El guardia civil le niega con la cabeza y se desentiende un poco de él.

5. Belén baja la ventanilla para escuchar mejor y finalmente sale del coche. Espera sin moverse apoyada en la puerta que ha cerrado. El guardia civil la mira con curiosidad.

6. Antonio, de pronto, salta en el capó, trepa hasta el techo del coche y mira a lo lejos. Los guardias civiles le observan con inquietud. Belén mira con curiosidad a Antonio, que otea en la lejanía.

7. Antonio regresa hasta la posición de Belén y el coche maldiciendo su suerte.

8. Un coche aparece levantando una polvareda y pasa rápido por el control.

 B. ¿Podrías continuar la escena? Escribe un fragmento más de diálogos y acotaciones.

5 **Respondió él sonriendo** `LA 3`

Imagina contextos para estos enunciados. ¿De qué manera te imaginas que alguien puede expresarlos? Termina las frases añadiendo algún elemento de la siguiente lista.

`serio/a` `horrorizado/a` `llorando` `alucinado/a` `gritando` `enfadado/a` `sonriendo` `indignado/a`

`asustado/a` `preocupado/a` `asombrado/a` `nervioso/a` `escandalizado/a` `desconcertado/a` `alarmado/a`

1. Yo nunca he dicho que tú fueras un imbécil, es completamente falso –contestó ella ....*desconcertada*........ .

2. No te lo tomes así, hombre. Era una broma, perdona –añadió él ....

3. ¡Esto es intolerable! ¡No se puede permitir que traten así a los pasajeros! –gritó él ....

4. No sé cómo decirte esto, no quiero hacerte daño, pero ya no te quiero –susurró ella ....

5. Ay, perdona, no te había reconocido. ¡Estás muy cambiado! –dijo él ....

6. Sí, ya sé que tu madre cocina este plato mucho mejor que yo –respondió él ....

7. Creo que en los próximos meses van a despedir a mucha gente en la empresa –comentó ella ....

6 **Ponte de pie junto a él** `LA 3`

Hoy, en la agencia de publicidad hay una sesión fotográfica con Rómulo y Miranda. Están preparando un catálogo de artículos de deporte. ¿Qué consignas crees que les da el fotógrafo para obtener estas imágenes? Usa estos verbos en imperativo.

agacharse
ponerse de pie / junto a /...
tumbarse
estirar(se)
levantar(se)
acercarse a
alejarse de
inclinar(se) hacia
apoyar(se) en / sobre

● *Rómulo, acércate a ella y agáchate junto a Miranda.*

GENTE DE CINE

7 **Monigotes en el parque** `LA 3`

A. Estos monigotes están pasando la tarde en el parque. Relaciónalos con las frases que describen su ubicación y su postura.

– Está tumbado en un banco con las manos debajo de la cabeza.

– Está arrodillado junto a la fuente.

– Está sentado detrás del quiosco.

– Se está tirando por el tobogán boca abajo.

– Está apoyado en un árbol.

– Tiene las manos en la cabeza y está sentado en el suelo.

– Está de pie encima de un columpio.

– Está tumbado con las piernas hacia arriba debajo de un árbol.

– Está con las manos en la cintura.

– Está tumbado en la hierba boca arriba.

– Está subido a un árbol, sentado en una rama.

– Está dentro de la papelera.

– Está colgado de un árbol.

 B. ¿Por qué no intentas tú dibujar tres monigotes más? Dale instrucciones a un compañero para que sepa dónde están y cómo. Pero, primero, prepáralas por escrito.

C. Ahora, muchos de los monigotes han cambiado de postura o de ubicación. Describe los cambios como en el ejemplo.

● El que estaba tumbado en un banco se ha puesto de pie.

8 Reacciones `LA 3`

¿Qué crees que hicieron o cómo se comportaron estas personas cuando les dieron estas noticias o les pasaron estas cosas? Termina las frases usando las expresiones del cuadro en los tiempos adecuados.

– Cuando su novia le dijo que quería cambiar completamente de vida, *se quedó muy asombrado*.

– Cuando su jefe le dijo que le aumentaba el sueldo,
....

– Cuando se enteró de que tenía que pasar la noche en el aeropuerto porque habían cancelado el vuelo, ...

– Una alumna le dijo que se parecía mucho a Tom Cruise y él ....

– Cuando le dijeron que se había muerto el gato, ...

– Cuando le dijeron que venía su suegra a pasar las vacaciones, Manuel ....

– Cuando le han traído la cuenta del restaurante, que era de 800 euros, ella ....

– El camarero le tiró la sopa de tomate sobre el esmoquin blanco, y entonces él ....

– Cuando nos han dicho que el hotel estaba completo y que teníamos que irnos a 30 km, ...

– Cuando le reclamé lo que me debía, o sea 500 euros, ella ....

– Cuando el profesor nos ha dicho que hoy había examen, nosotros ....

ponerse	
como una fiera	como un/a loco/a
a llorar	a gritar
a reír	a saltar de alegría
(muy) serio/a	(muy) triste
(muy) colorado/a	(muy) pálido/a
contentísimo/a	histérico/a

quedarse	
boquiabierto/a	hecho/a polvo
asombradísimo/a	quieto/a
helado/a	de piedra
sorprendido/a	callado/a

9 Costumbres `LA 6`

Por las mañanas todos tenemos algunas costumbres. Reacciona a lo que dicen Susana y Carlos, y explica tus propias rutinas matinales contrastándolas con las de ellos.

Yo me tomo un café de pie mientras escucho las noticias de la radio.

Yo me quedo tumbada unos minutos en la cama despierta, pero con los ojos cerrados.

– Me ducho deprisa.
– Luego, me afeito escuchando las noticias de la radio.
– Como normalmente tengo prisa, me pongo lo primero que encuentro en el armario.
– Meto rápidamente en la cartera todo lo que necesito.
– Salgo de casa nervioso y corriendo porque siempre se me hace tarde.
– Casi siempre tomo un taxi para llegar a tiempo al trabajo.

– Me baño sin prisas y me pongo el albornoz.
– A veces me tumbo en la alfombra para hacer estiramientos y algunos abdominales.
– Saco la ropa del armario y la coloco sobre la cama.
– Me preparo la mochila.
– Casi siempre salgo a la calle a dar una vuelta con el perro y a comprar el periódico.

● Pues yo desayuno sentada. Me tomo un té y unas tostadas tranquilamente mientras leo el periódico.

10 **Héroes televisivos** `LA 5`

A. Una página web de teleadictos ha publicado los resultados de una encuesta acerca de los personajes de televisión favoritos. ¿Son también los tuyos? Fíjate en sus descripciones: ¿piensas que son estereotipos? ¿Cuál es tu personaje de serie favorito?

Jon Snow
(Juego de tronos)

Desde el momento de su aparición, el personaje de Jon Snow conquistó el corazón de los televidentes. Jon es un hombre joven, fuerte y atractivo: tiene el pelo negro y rizado, y lo lleva siempre largo. Lleva bigote y barba y tiene los ojos grises y melancólicos. Aunque casi siempre va vestido con pieles debido a que vive en las tierras heladas del norte, en los episodios en los que se quita la ropa se ve que es musculoso. Kit Harington, el actor que lo interpreta, lo describe como un "buen chico": "Jon es una buena persona, no ha vivido una vida amable y trata siempre de hacer lo correcto. En un mundo tan corrupto como ese lleno de reyes y reinas hambrientos de poder, él no es así, y por eso mucha gente se identifica con él".

Rachel Green
(Friends)

El personaje de Rachel, encarnado por la actriz Jennifer Aniston apareció en el episodio piloto de *Friends* huyendo de su propia boda y llevando un vestido de novia empapado por la lluvia. Presentada al principio como la malcriada "niña de papá", poco a poco se volvió menos egocéntrica. El personaje de Rachel, ni alta ni baja y más bien esbelta, se hizo extremadamente famoso debido a su pelo castaño liso, que se hizo cada vez más rubio, y a los diferentes peinados que lucía en la serie, que fueron copiados por muchas mujeres.

Sheldon Cooper
(The Big Bang Theory)

Sheldon Cooper, interpretado por Jim Parsons, es un joven científico que ha dedicado toda su vida a la ciencia y que posee un C.I. de 187. Tiene una fuerte personalidad y es extremadamente ególatra, ya que se considera intelectualmente superior al resto de personas que le rodean. Físicamente es delgado y de mediana estatura, lleva el pelo corto y va vestido con ropa juvenil e informal. Su carácter metódico, distante e intorvertido crea momentos sumamente cómicos y le han convertido en el *geek* más famoso de la televisión actual.

B. Escribe una descripción de tu personaje de serie televisiva favorito. Después, elaborad el ranking de los personajes favoritos de la clase.

Personaje: _____

Serie: _____

_____

_____

_____

_____

_____

11 **Rodaje accidentado** `LA 10`

A. Unos actores de telenovela que están filmando una apasionada escena romántica olvidan constantemente sus papeles y el director tiene que transmitirles las frases que deben decir. Fíjate en las frases del director y de los actores y completa la regla.

Director:	Dile que la quieres pero tienes que dejarla.
Actor:	Ana, yo te quiero pero tengo que dejarte.
Director:	Pídele que salga de aquí inmediatamente. Dile que no quieres volver a verlo.
Actriz:	Sal de aquí inmediatamente. No quiero volver a verte.
Director:	Pídele que te ayude y que no te deje solo.
Actor:	Ayúdame, no me dejes solo.
Director:	Dile que lo vuestro no puede funcionar.
Actriz:	Lo nuestro no puede funcionar.
Director:	Dile que te dé alguna esperanza.
Actor:	Dame alguna esperanza.
....	

Cuando le pedimos a alguien que transmita una orden o una petición usamos la estructura:

Dile / Pídele que + presente de ....

B. Ahora, completa tú las intervenciones del director.

Director: Pídele que te .... la verdad.

Actriz: Dime la verdad.

Director: Pídele que no .... y que .... poco más.

Actriz: No te vayas, quédate un poco más.

Director: Dile que no .... así, que no .... de nada.

Actor: No te pongas así, no sirve de nada.

Director: Dile que te .... en paz y que no .... verle más.

Actriz: Déjame en paz. No quiero verte más.

Director: Dile que te .... y que no .... , que todo .... solución.

Actor: Escúchame y no llores. Todo tiene solución.

ASÍ PUEDES APRENDER MEJOR

12

18

Entonación

La entonación es muy importante. Escucha estas maneras distintas de decir las mismas frases. Toma notas de tus interpretaciones y los posibles contextos que te sugieren. Coméntalo con tus compañeros.

"ella entró en la casa llorando"

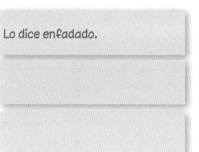

Lo dice enfadado.

"ella entró en la casa llorando"

"ella entró en la casa llorando"

"la habitación estaba vacía"

"la habitación estaba vacía"

"¿Te has fijado en el tono con el que lo ha dicho?", "No me gusta este tono", "¡Qué tono, chico!" son comentarios muy habituales en la vida cotidiana. Muestran la importancia que tiene la entonación en la expresión de nuestras intenciones comunicativas. La lengua permite decir muchas cosas con las mismas palabras. Utilizando determinados recursos, como la entonación, podemos darles diferentes significados. Así, podemos demostrar actitud de asombro, aburrimiento, enfado, alegría, incertidumbre, timidez, nerviosismo...; somos capaces de diferenciar una afirmación de una pregunta; podemos subrayar la parte más importante de nuestro discurso... Para ello, utilizamos la velocidad, el volumen, la intensidad, las pausas y los silencios, las curvas melódicas, etc. Estos recursos determinan, en gran parte, el significado que queremos dar a lo que decimos y la interpretación que hace quien nos escucha.

En la escritura esto se refleja, aunque de manera muy pobre, mediante la puntuación.

"¿No la ha enviado todavía?"

"¿No la ha enviado todavía?"

"estaba anocheciendo"

"estaba anocheciendo"

DIARIO DE APRENDIZAJE

Impresiones sobre el progreso en mi competencia de español:

1. ¿En qué aspectos he mejorado?

2. ¿Cómo he conseguido hacerlo?

3

gente
genial

1 **Primeras palabras**

A. Aquí tienes algunas palabras y expresiones útiles para esta unidad. ¿Las conoces? ¿Puedes relacionarlas con las imágenes?

descubr**ir**/**-idor**/**-imiento** ...... investig**ar**/**-ador**/**-ación** ...... premio ......

explor**ar**/**-ador**/**-ación** ...... cre**ar**/**-ador**/**-ación** ...... genialidad ......

reconocimiento ...... hacerse famoso ...... personaje relevante ......

B. ¿Conoces otras palabras en español que puedan ser útiles para esta unidad? Escríbelas en tu cuaderno.

② Sobre la genialidad LA 1

A. La genialidad y el talento son difíciles de definir, pero aquí tienes algunas citas que hablan sobre ello. Relaciona el inicio de cada cita con su final correspondiente.

1. "La inspiración existe,
2. "El genio es un uno por ciento de inspiración y
3. "Como no fue genial,
4. "Cuando aparece un gran genio en el mundo se le puede reconocer por esta señal:
5. "Seré un genio y el mundo me admirará. Quizás seré despreciado e incomprendido,
6. "El genio inicia las grandes obras,
7. "El secreto de la genialidad es el de conservar el espíritu del niño hasta la vejez,
8. "Ser el más rico del cementerio no es lo que me importa.

a. ... pero sólo el trabajo las acaba." JOSEPH JOUBERT
b. ... lo cual quiere decir nunca perder el entusiasmo." ALDOUS HUXLEY
c. ... todos los necios se confabulan contra él." JONATHAN SWIFT
d. ... Acostarme por la noche y pensar que he hecho algo genial. Eso es lo que más me importa." STEVE JOBS
e. ... pero tiene que encontrarte trabajando." PABLO PICASSO
f. ... un noventa y nueve por ciento de sudor." THOMAS A. EDISON
g. ... no tuvo enemigos." OSCAR WILDE
h. ... pero seré un genio, un gran genio, porque estoy seguro de ello." SALVADOR DALÍ, a los 15 años

 B. Elige una cita con la que estés de acuerdo y coméntala con tus compañeros. ¿Podéis resumir vuestra idea de la genialidad en una frase?

③ Reconocimiento tardío LA 3

A. La revista online GENTE INFORMADA ha publicado esta noticia. ¿Puedes ponerle un título?

gente **informada**

| portada | internacional | política | economía | sociedad | deportes | **ocio y cultura** | gente y tv | tecnología |

La exposición "Carmen Herrera: 1930-2015" **la inauguró** ayer en Madrid la alcaldesa de la ciudad. Las 50 obras que componen esta exposición **las transportarán** después a distintas ciudades europeas, donde **las expondrán** en museos de todo el continente. Según explicó Rosa Neri, comisaria de la exposición, esta selección de obras pretende dar a conocer al público europeo la obra de esta pintora abstracta cubana.
Carmen Herrera, que acaba de cumplir los 100 años, pinta desde la década de 1930, sin embargo, el reconocimiento no le llegó hasta el 2004 cuando, con 89 años, vendió su primera obra y poco después el diario *The Observer* de Londres **la elogió** como "el descubrimiento de la década" y se preguntó "¿Cómo no habíamos visto estas brillantes composiciones antes?".

Los cuadros de Carmen Herrera **se mostraron** en diferentes galerías durante años pero a la pintora nunca le llegó la fama ni vendió nada. Rosa Neri afirma que las obras de Herrera **no se han apreciado** hasta ahora porque es una mujer y porque el machismo caracteriza el mundo artístico moderno.
Cuando se le preguntó a la artista, que vive desde hace décadas en Manhattan, cómo le gustaría que la recuerden, Herrera respondió: "No quiero ser recordada". Pero cuando la pregunta fue reformulada a "¿Cómo quiere que su arte sea recordado?", no titubeó: "Como algo maravilloso".
Actualmente sus obras **se exhiben** en museos como el Museo Whitney y el MoMa de Nueva York o la Tate Modern de Londres, y en el futuro **las presentarán** en ferias de arte de todo el mundo.

 B. El redactor ha escrito la noticia en un estilo muy informal. Para que tenga un estilo más adecuado, transforma las partes en negrita en construcciones pasivas. Anótalo en tu cuaderno.

 C. Comenta con tus compañeros qué personas de talento (artistas, escritores, científicos...) conoces a quienes la fama y el reconocimiento les llegó en su vejez.

3 ejercicios

GENTE GENIAL

4 **Los primeros años de un genio** `LA 3`

A. Lee esta biografía de un genio de las letras hispanas. ¿Sabes de quién se trata? Escoge la forma correcta del pasado.

1. **Era / Fue** uno de los creadores más famosos en lengua castellana del siglo xx.

2. Aunque **era / fue** colombiano, **vivía / vivió** en varios países durante su vida.

3. A los 3 años, sus padres le **dejaban / dejaron** al cuidado de sus abuelos y **fue / era** educado por su abuelo coronel, que **fue / era** un militar veterano.

4. Como su abuelo **era / fue** un gran aficionado a escribir, le **enseñó / enseñaba** a consultar el diccionario y le **transmitió / transmitía** su pasión por la literatura.

5. Cuando **tenía / tuvo** ocho años el coronel **moría / murió**. Así que, después de una estancia en Sucre con sus padres, el niño **era /fue** enviado a un internado en Barranquilla.

6. Allí, como al principio no le **gustaron /gustaban** las actividades atléticas y **era / fue** serio y tímido sus compañeros le **llamaban / llamaron** el Viejo.

7. Sin embargo, unos años después, ya en Bogotá, cuando **estudiaba / estudió** en el Liceo Nacional, **llegaba / llegó** a ser capitán de los equipos de fútbol, béisbol y atletismo.

8. Aunque desde muy joven **quería /quiso** ser escritor, **empezaba / empezó** la carrera de Derecho para seguir los deseos de su padre.

9. Nunca **terminó / terminaba** la carrera, y en 1947 **empezaba / empezó** a trabajar como columnista y reportero.

10. La fama le **llegaba / llegó** en 1957 cuando, a los 40 años, **publicaba / publicó** *Cien años de soledad*.

B. Busca información acerca de este personaje y completa su biografía con cinco datos más.

5 **Escuela de genios** `LA 3`

A. ¿Sabes qué tienen en común Pablo Picasso, Salvador Dalí, Federico García Lorca, Luis Buñuel y otros artistas y creadores españoles del siglo xx? Si lees este artículo podrás descubrirlo.

La Residencia de Estudiantes

La Residencia de Estudiantes, desde su fundación en 1910 hasta 1936, **(ser)** .... el primer centro cultural de España y una de las experiencias más vivas y fructíferas de creación e intercambio científico y artístico de la Europa de entreguerras. En 1915 **(trasladarse)** .... a su sede definitiva en la madrileña Colina de los Chopos. Durante toda esta primera etapa su director **(ser)** .... Alberto Jiménez Fraud, que **(hacer)** .... de ella una casa abierta a la creación, el pensamiento y el diálogo interdisciplinar.

La Residencia **(proponerse)** .... complementar la enseñanza universitaria mediante la creación de un ambiente intelectual y de convivencia adecuado para los estudiantes. Características distintivas de la Residencia **(ser)** .... propiciar un diálogo permanente entre ciencias y artes y actuar como centro de recepción de las vanguardias internacionales. Ello **(hacer)**

.... de la Residencia un foco de difusión de la modernidad en España, y de entre los residentes **(surgir)** .... muchas de las figuras más destacadas de la cultura española del siglo xx, como el poeta Federico García Lorca, el pintor Salvador Dalí, el cineasta Luis Buñuel y el científico Severo Ochoa. A ella **(acudir)** .... como visitantes asiduos o como residentes durante sus estancias en Madrid Miguel de Unamuno, Alfonso Reyes, Manuel de Falla, Juan Ramón Jiménez, José Ortega y Gasset, Pedro Salinas, Blas Cabrera, Eugenio d'Ors o Rafael Alberti, entre muchos otros.

La Residencia **(ser)** .... además foro de debate y difusión de la vida intelectual de la Europa de entreguerras, presentada directamente por sus protagonistas. Entre las personalidades que **(acudir)** .... a sus salones figuran Albert Einstein, Paul Valéry, Marie Curie, Igor Stravinski,

John M. Keynes, Alexander Calder, Walter Gropius, Henri Bergson y Le Corbusier, entre muchos otros.

Adaptado de : http://www.residencia.csic.es/pres/historia.htm

B. Lee otra vez el artículo para escoger la forma verbal adecuada (imperfecto o indefinido). Ten en cuenta que, algunas veces, las dos son posibles, pero el punto de vista del narrador cambia.

6 **Inventos** `LA 4`

19-22

A. Vas a escuchar a varias personas que hablan de cuatro inventos. ¿Sabes de cuáles de estos nueve se trata?

King Camp Gillette
(1855 – 1932, EE.UU.)

Zacharias Janssen
(1580 – 1638, Holanda)

Blaise Pascal
(1623 – 1662, Francia)

Cadmo
(s. IX al VIII a. C., Fenicia)

John McAdam
(1756 – 1836, Reino Unido)

Joseph Guillotin
(1738 – 1814, Francia)

Adolphe Sax
(1814 – 1894, Bélgica)

Frank McNamara
(1917 – 1957, EE.UU.)

B. Ahora, escoge un invento y, sin decir el nombre, dile a tu compañero por qué te parece importante. Él tendrá que descubrir de qué estás hablando. ¿Valora él ese invento de la misma manera que tú? Si queréis, podéis hacerlo con otros inventos.

Charles Hard Townes
(1915 – 1999, EE.UU.)

C. Piensa en un inventor, artista o político de tu país. Escribe las razones por las cuales le valoras.

7 **Los Premios Nobel** `LA 4`

A. Los famosos Premios Nobel se deben a la figura de un prolífico inventor: Alfred Nobel. A continuación, encontrarás algunos datos sobre su vida y su obra. Escoge los puntos que consideres más importantes de cada sección e intenta escribir una breve biografía sobre él.

VIDA

– Nació en Estocolmo (Suecia) en 1833.
– Pertenecía a una familia de ingenieros. Su padre tenía una fábrica de explosivos.
– Era un hombre muy culto. Hablaba cinco idiomas (sueco, ruso, francés, inglés y alemán). Escribió dramas y poesía.
– En el momento de su muerte, poseía una enorme fortuna: tenía 355 patentes registradas y había construido unas 90 fábricas en 20 países.
– Muere en su casa de San Remo (Italia) en 1896.

EL PREMIO NOBEL

– Durante mucho tiempo pensó en donar su fortuna.
– En su testamento ordenó destinar su fortuna a la creación de unos premios dedicados a las personas que produjeran un bien para la Humanidad, en los campos de la Física, la Química, la Medicina, la Literatura y el fomento de la Paz. A partir de 1968, también se concede el de Economía.
– En 1901 se conceden los primeros premios Nobel.
– Los premios Nobel siempre han sido polémicos. Por ejemplo, en 1935, Hitler y Mussolini fueron propuestos para el Nobel de la Paz.

LA DINAMITA

– En 1847, Sobrero, profesor de Alfred, inventa la nitroglicerina, una sustancia con una terrible fuerza explosiva, pero muy difícil de controlar.
– En 1863 Alfred inventa el detonador.
– En septiembre de 1864 mueren su hermano Emil y cuatro personas más al producirse una gran explosión de nitroglicerina en su fábrica de Estocolmo.
– En Alemania descubre una arena porosa y absorbente, que mezcla con nitroglicerina. Así consigue una sustancia estable que podía ser transportada sin peligro: la dinamita.

B. ¿Qué opinión tienes de Alfred Nobel? ¿Crees que su legado ha sido beneficioso para la Humanidad? Pregúntale a un compañero qué piensa él.

GENTE GENIAL

8 La historia de la familia LA 6

A. Vas a escuchar a dos personas que cuentan a sus hijos la historia de su familia. ¿Qué cosas vivieron en esa época? Anota en tu cuaderno dos sucesos que marcaron las vidas de sus abuelos.

23-24

B. Comparte tus notas con tus compañeros y reconstruid la historia.

C. ¿Hay alguien en tu familia que haya vivido algún episodio especial? ¿Recuerdas alguna anécdota de tu abuelo o de tu abuela? Puedes contar la anécdota a tus compañeros. Prepara tu intervención.

9 Efemérides LA 6

A. ¿Te acuerdas de qué pasó en estos años? De los siguientes temas, ¿cuáles recuerdas o conoces? Escoge cinco y anota lo que sabes de ellos.

Año	Temas	Notas
2006	Selección italiana de fútbol Bachelet *Volver*	
2007	Crisis hipotecaria EE.UU. iPhone Javier Bardem	
2008	Barack Obama Kosovo Vicky Cristina Barcelona	
2009	Olimpiada Pekín Premio Nobel de la Paz Michael Jackson	En 2009, Obama ganó el premio Nobel de la Paz
2010	Exposición Universal Shangái 33 mineros chilenos Selección española de fútbol	
2011	Movimiento 15-M Primavera árabe Adele	
2012	Astromóvil *Curiosity* *Costa Concordia*	
2013	Implantación corazón artificial Papa Francisco	
2014	China Relaciones diplomáticas Cuba y EE.UU.	

B. Escucha ahora este programa de RADIO MAGIC y comprueba si tus suposiciones eran correctas. Anota otros cinco hechos que recuerdes que ocurrieron en esos años.

25

10 Cambios `LA 6`

A. Lee los ejemplos con estos verbos que expresan cambio y relaciona cada verbo con la idea que expresa.

VERBOS	IDEA QUE EXPRESAN
1. PONERSE ● He suspendido el examen. Me he puesto nervioso y no he podido decir nada. ● ¡Te has puesto muy guapa!	2 **a.** Una transformación que está relacionada con la edad, la ideología, la profesión, etc.
2. HACERSE ● ¡Vaya con Eduardo! ¡Quién lo ha visto y quién lo ve! Se ha hecho mayor, ¿verdad? ● ¿Sabes? Me he hecho de Greenpeace.	☐ **b.** Un cambio de estado temporal en el aspecto físico o en el ánimo de una persona.
3. VOLVERSE ● No sé qué le pasa a Gracia últimamente, se ha vuelto muy celosa. Antes no era así. ● ¡Hay que ver cómo ha cambiado Juan! Con lo reservado que era, ahora se ha vuelto súper extrovertido, ¿verdad?	☐ **c.** La situación de una persona, de una cosa o de un lugar, consecuencia de un suceso o de una actividad anterior.
4. LLEGAR A (SER) ● No tenía estudios, pero era muy trabajador. Empezó de administrativo y, ya ves, llegó a vicepresidente. ● ¡Como sigas así, no llegarás a ser nada en la vida!	☐ **d.** Una transformación en el carácter o en la actitud de una persona.
5. QUEDARSE ● ¡Pobre Pablo! Tuvo un accidente terrible hace seis meses y desde entonces se ha quedado cojo y, encima, sin trabajo. ● Todo el mundo está de vacaciones. ¡La ciudad se ha quedado desierta!	☐ **e.** Una mejora o un logro en la profesión o en el estatus de una persona, fruto de su esfuerzo.

B. ¿Con qué verbos se pueden combinar los siguientes elementos? Busca en internet ejemplos de uso y luego escribe en tu cuaderno una frase con cada uno.

2 budista	☐ del Partido Liberal	☐ muy antipático
☐ loco	☐ tranquilo	☐ muy conocido
☐ ciego	☐ una actriz famosa	☐ preocupado
☐ colorado	☐ rico	☐ sin aliento
☐ contento	☐ en la miseria	☐ sin amigos
☐ de mal humor	☐ millonario	
☐ del Barça	☐ fontanero	

11 **No te pongas triste** `LA 6`

Lee las frases siguientes y escoge el verbo adecuado en cada caso.

1. Cuando me enteré de que Augusto y Belén se habían casado (**me quedé / me puse**) sin habla: ¡yo creía que casi no se conocían!

2. ¡No te (**vuelvas / pongas**) triste, mujer! Ya verás como todo se arregla.

3. Desde que se murió su mujer le ha cambiado el carácter. Además, (**se ha quedado / se ha vuelto**) muy solo.

4. Tenía una fortuna inmensa, pero la perdió toda jugando a la ruleta. Entonces (**se volvió / llegó a ser**) muy ahorrador y muy tacaño.

5. Es una mujer increíble. Empezó desde la nada, pero (**se ha hecho / ha llegado a ser**) directora de marketing. Todo lo que es, lo ha conseguido ella sola.

6. Irene me ha contado sus problemas con el trabajo y con la familia y, claro, (**me he quedado / me he puesto**) muy preocupado.

7. Es una artista autodidacta. Pero, si sigue así, seguro que (**se pondrá / llegará a ser**) una de las grandes escultoras de este siglo.

8. Resulta que el camarero le manchó un poco el traje y ella (**se puso muy enfadada / se enfadó**) mucho con él.

12 **El cambio de María** `LA 6`

A. Fíjate cómo ha cambiado María su estilo de vida, con el tiempo se ha vuelto más sana.

● Yo antes no me cuidaba nada, fumaba muchísimo, salía todos los días, me acostaba tarde... Al final me puse muy enferma. Me volví muy solitaria y muy rara, no quería ver a nadie.

Hasta que un día decidí cambiar de vida, me puse a pensar y me dije: "Voy a dejar de fumar". Ahora me he convertido en una buena deportista. En definitiva, me he vuelto una mujer muy sana.

B. Escribe tú los cambios más importantes de tu vida. ¿Tienes las mismas aficiones que antes? ¿Haces cosas que antes nunca hacías? Puedes utilizar **volverse, hacerse, quedarse, ponerse, llegar a ser** y los verbos que tienes en el cuadro.

cambiar de + nombre
convertirse en + nombre
transformarse en + nombre
ponerse a + infinitivo
dejar de + infinitivo
seguir + gerundio
terminar + gerundio

13 **Un violinista extraordinario** `LA 6`

A. Te gusta la música clásica? En este concierto pasó algo muy extraño. Intenta ordenar las frases para averiguar qué ocurrió.

☐ Como parecía ser un virtuoso del instrumento, la orquesta no paró y **siguió tocando**.

☐ El público, asombrado, **se quedó mirando** al extraño personaje.

☐ Todos estaban maravillados con su arte; el director le cedió su puesto y el violinista misterioso, **sin dejar de tocar, se puso a dirigir** la orquesta.

☐ Iba vestido muy raro, como del s. XVIII, pero **tocaba** el violín con un gusto exquisito.

☐ **Estaban tocando** los músicos los primeros compases del segundo movimiento cuando, de repente, un espectador subió con un violín al escenario.

☐ Pero, como por arte de magia, el músico, de repente, había desaparecido. ¿Dónde estaba? ¿Quién era? ¿Había sido el propio Haydn? Nadie lo sabe. A lo mejor...

☐ Desde entonces, la orquesta no **ha dejado de tocar** la sinfonía 96.

☐ Dos minutos más tarde, se apagaron las luces y la orquesta **empezó a tocar** la sinfonía nº 96, *El milagro*, de J. Haydn.

☐ Eran casi las nueve y el concierto estaba a punto de empezar.

☐ Cuando, al final, **terminaron de tocar**, el público se puso a aplaudir sin parar.

B. Observa los diferentes puntos de vista que expresan las formas en negrita e intenta formular una regla.

14 **El cuento del pescador**

Con ayuda del cuadro, completa el texto con la historia de Manuel usando estas perífrasis. Ten en cuenta que puede haber diferentes soluciones.

Manuel era un hombre tranquilo, aunque un poco triste, al que le gustaba pescar. Aquel viernes se había levantado temprano. El sol .... (**salir**) cuando dejó la casa para acercarse al río. .... (**andar**) pausadamente por el camino, cuando, de pronto, oyó un ruido extraño detrás de él, que parecía la voz de una persona. Se dio la vuelta un par de veces pero, como no veía nada raro, ... (**caminar**) sin preocuparse más. Ya .... (**llegar**) cerca de donde estaba el río, cuando aquella voz extraña .... (**oírse**) otra vez, ahora con mayor intensidad. Manuel .... (**mirar**) fijamente a su alrededor, pero no conseguía ver nada ni a nadie. Un rato después llegó al río y .... (**pescar**) tranquilamente. Al cabo de unos minutos, una voz que ahora le resultaba familiar se dirigió a él. Manuel .... (**pescar**) y se giró en todas las direcciones, pero .... (**ver**) quién se dirigía a él. Y, sin saber por qué, de repente, se dio cuenta de que aquella voz era en realidad su propia voz, de que .... (**hablar**) consigo mismo...

TRATA DE UTILIZAR

ir + gerundio
seguir + gerundio
empezar a + infinitivo
seguir sin + infinitivo
dejar de + infinitivo
estar a punto de + infinitivo
estar + gerundio
volver a + infinitivo
ponerse a + infinitivo
quedarse + gerundio

ASÍ PUEDES APRENDER MEJOR

 El antecesor del hombre

Si lees este artículo, observarás que el autor usa diferentes recursos para no repetir demasiadas veces los tres conceptos en cursiva: hombre de Neandertal, homo antecessor y África. Identifica en el texto cuáles son estos recursos en cada caso (sinónimos, palabras más generales o más concretas, pronombres demostrativos, pronombres personales y posesivos, adverbios, elipsis, etc.).

El homo antecessor

Los científicos han descubierto que dos de las especies más importantes de homínidos, el homo sapiens y el *hombre de Neandertal* poseían un antepasado común: el *homo antecessor*. Este último surgió en *África* hace unos 800 000 años pero, mientras algunos de ellos se quedaron en este continente, otros emigraron a Europa. De este modo, durante miles de años, el antecesor evolucionó de forma paralela en uno y otro continente. En Europa, evolucionó hacia el homo neandertalensis, mientras que, en el continente africano, lo hizo hacia el sapiens. Más tarde, hace unos 40 000 años, individuos de esta especie llegaron a Europa y, previsiblemente, se encontraron con sus primos europeos. Allí, ambas especies convivieron durante 10 000 años, hasta que la especie originaria de Europa se extinguió. Si hubo mestizaje o no, no se sabe o no hay constancia fósil. A veces se ha dicho que los neandertales desaparecieron porque eran menos inteligentes que el homo sapiens. Pero hoy se sabe que estos homínidos cuidaban a sus enfermos, enterraban a sus muertos, eran buenos cazadores, cocinaban y, probablemente, hablaban. Así que, en circunstancias distintas, tal vez el desenlace hubiera podido ser otro.

Para que nuestro interlocutor sepa de qué tema estamos hablando utilizamos diferentes recursos que aluden a ese tema sin repetirlo. Sinónimos (individuo, persona, ser humano), palabras más generales (ser vivo) o más concretas (antropólogo), pronombres demostrativos (este, aquel), pronombres personales (él, ellas) y posesivos (mío, suyo), adverbios (allí, entonces), elipsis (Ø), etc. Utilizarlos adecuadamente permite escribir un texto de forma más rica y más ágil, sin tantas repeticiones.

DIARIO DE APRENDIZAJE

Impresiones sobre el progreso en mi competencia de español:

1. ¿En qué aspectos he mejorado?

2. ¿Cómo he conseguido hacerlo?

4

gente y aventura

❶ Primeras palabras LA 1

A. Aquí tienes algunas palabras y expresiones útiles para esta unidad. ¿Las conoces? ¿Puedes relacionarlas con las imágenes?

viajar en grupo .... apuntarse a un viaje organizado ....
visita guiada .... hacer senderismo .... disfrutar del paisaje ....
hacer submarinismo .... preparar la mochila .... escalar ....

B. ¿Conoces otras palabras en español que puedan ser útiles para esta unidad? Escríbelas en tu cuaderno.

Vacaciones `LA 1`

A. Lee este artículo sobre las costumbres de los españoles al planificar sus vacaciones, ¿crees que en general son precavidos?

VIDA

¿Cómo y dónde viajan los españoles en vacaciones?

Aunque, indudablemente, la crisis económica ha afectado al comportamiento de los españoles en cuanto a la cantidad, la frecuencia y los tipos de viajes, está claro que muchos españoles no quieren renunciar a sus vacaciones. Desde el 2008, la manera de viajar ha cambiado bastante y básicamente se ha caracterizado por una disminución de los presupuestos disponibles (debido a ello, los turistas gastan menos y buscan las compañias más baratas) y por la tendencia creciente a reservar en el último minuto.

Lo que no ha variado es la preferencia por el turismo interior. De acuerdo con las investigaciones y encuestas recientes la mayoría de desplazamientos se producen entre las distintas comunidades españolas. Los destinos nacionales favoritos son Andalucía, Cataluña, Castilla y León y la

Comunidad Valenciana. Los que se deciden por destinos extranjeros eligen países europeos (destino de ocho de cada diez viajes al extranjero) siendo Francia, Italia, Portugal, Gran Bretaña y Alemania los países preferidos. Ya fuera del continente europeo los destinos más buscados están en Hispanoamérica (México, República Dominicana y Cuba) y Marruecos.

Debido a la necesidad de reducir gastos los españoles han optado por reducir los días de viaje y por buscar destinos de proximidad a un precio más bajo. Esto se refleja en el aumento de los viajes cortos de fin de semana o escapadas (en especial, las visitas a una ciudad) aunque todavía los viajes durante las vacaciones de verano están en primera posición (con preferencia por las estancias en la playa).

Para la mayoría, lo más importante cuando planean las vacaciones es el descanso. Lo que les gusta a la mayoría de encuestados es "poder relajarse y no hacer nada" y "estar con la familia" en primer lugar, seguidos por "visitar monumentos y museos" e "ir a tomar el sol a la playa".

A la hora de preparar sus viajes, 7 de cada 10 españoles organizan personalmente sus viajes, y cada vez menos españoles acuden a una agencia de viajes puesto que más de la mitad planifican y hacen sus reservas a través de internet. Los españoles no planifican sus vacaciones con mucha antelación, y tienden a reservar a última hora: los viajeros se mueven por el impulso de último minuto y para la mayoría lo primero es conseguir unas vacaciones a un precio ajustado.

26-29

B. Escucha la encuesta a estas personas que hablan sobre sus próximas vacaciones de verano. ¿Cuándo suelen planificarlas? La encuesta se realizó en marzo. ¿De qué temas está pendiente cada uno de los encuestados para tomar decisiones? ¿Responden los encuestados al perfil que presenta el texto?

1. Depende de...
....

2. ....
....

3. Según... ....
....

4. ....
....

 C. Piensa en tu manera de viajar y descríbela usando los recursos del cuadro.

A la hora de de planear mis vacaciones,
   lo más importante es...
   lo difícil es...
Durante mis viajes lo que más me gusta es...
Lo mejor de mi último viaje fue...
Lo peor de mi último viaje fue...

A la hora de de planear mis vacaciones,
lo más importante es...

③ Guatemala LA 2

Lee estos dos textos sobre Guatemala, uno de ellos extraído de una enciclopedia y el otro, de una guía turística. ¿Qué diferencias de estilo notas? Elige uno de los dos modelos y escribe un texto parecido sobre tu país.

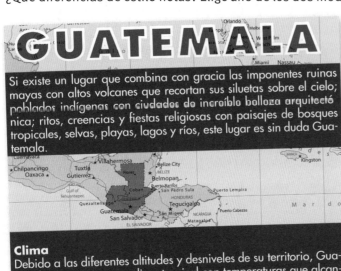

GUATEMALA

Si existe un lugar que combina con gracia las imponentes ruinas mayas con altos volcanes que recortan sus siluetas sobre el cielo; poblados indígenas con ciudades de increíble belleza arquitectónica; ritos, creencias y fiestas religiosas con paisajes de bosques tropicales, selvas, playas, lagos y ríos, este lugar es sin duda Guatemala.

Clima
Debido a las diferentes altitudes y desniveles de su territorio, Guatemala experimenta un clima tropical con temperaturas que alcanzan los 30°C durante todo el día, tardes con breves chaparrones y noches algo frescas. Las costas del Pacífico y del Caribe son bastante calurosas y húmedas, con temperaturas que sobrepasan los 33°C, al igual que en la selva del Petén, donde es extraño el día que no llueve.

Lugares de interés
Lago Atitlán: con una superficie de 125 km² y situado a 1560 m sobre el nivel del mar, es uno de los atractivos naturales más conocidos. Rodeado de poblados ribereños, tres volcanes le confieren una belleza paisajística sin igual. De entre las 12 poblaciones situadas alrededor del lago, Panajachel es el centro turístico y punto de partida de las embarcaciones que surcan el lago.

Guatemala, estado de América Central, que limita al N y al O con México, al S con el océano Pacífico y El Salvador, y al E con Honduras y el mar de las Antillas. 108 889 km²; 8 434 000 h., aproximadamente (guatemaltecos). Cap. Ciudad de Guatemala.

GEOGRAFÍA Guatemala es un país de montañas y lagos. La Sierra Madre de Chiapas penetra en el territorio guatemalteco dividida en dos ramas: Sierra Madre y Cuchumatanes. La Sierra Madre, del lado del Pacífico, origina la meseta central. El volcán del Tacaná (4160 m), en el límite con México, da comienzo al eje volcánico que se dirige al golfo de Fonseca y forma los volcanes más importantes: Santa María (3768 m), entre otros. Los efectos de las erupciones volcánicas y los terremotos han provocado grandes desastres. Los ríos tienen tres vertientes: la del océano Pacífico, la del Caribe y la del golfo de México. Los lagos ofrecen un gran potencial turístico por su belleza natural y por sus posibilidades de desarrollo.

CLIMA Aunque situada en zona tropical, Guatemala goza, gracias a sus diferentes niveles, de un clima variado, que va del cálido al frío. La época de lluvias se extiende de mayo a octubre.

④ Por si las moscas LA 3

A. Estas dos chicas van a una convención de trabajo en los Alpes, de viernes a domingo. Las dos son muy precavidas. Lee los comentarios que han hecho mientras preparaban el equipaje y marca las cosas (✓) que tú también harías.

VICTORIA

☐ Ya sé que es verano, pero yo me llevo el pijama de invierno, los calcetines de lana y una chaqueta gordita, que en esos hoteles **nunca se sabe**.

☐ ¿Sabes si tenemos seguro de viaje? Yo siempre que viajo me lo hago, **por si las moscas**.

☐ Hay una excursión a Chamonix el sábado. Creo que esa carretera tiene un montón de curvas, voy a coger las pastillas **por si** me mareo.

☐ Me llevaré el traje de baño. **A lo mejor** en el hotel hay piscina y si nos queda un hueco en el programa, podremos darnos un chapuzón.

PAULA

☐ Llevo el paraguas, **que** en esa zona suele llover.

☐ Siempre llevo unas gafas de repuesto. Tú imagínate que pierdo estas y no puedo leer mi presentación. **Hay que pensar en todo**.

☐ Tengo que acordarme de dejar a mi madre los datos del hotel, sobre todo el teléfono, **no vaya a ser que** pase algo y tengan que localizarme.

☐ **No sé** si habrá secador de pelo en la habitación, me llevaré el mío **por si acaso**.

B. Y tú, ¿qué incidentes sueles prever cuando te vas de viaje? Escribe cinco frases como las de Paula o las de Victoria. Trata de utilizar los recursos resaltados en negrita.

5 **En un balneario** `LA 3`

Carlos, que también es muy precavido, se va una semana a un balneario de lujo en la sierra. Esta es la lista de cosas que se lleva. Escribe frases, usando los recursos de la actividad anterior, para justificar por qué ha elegido estas cosas.

Hilo y aguja, no vaya a ser que en el último momento se rompa la camisa, y...

– Hilo y aguja.
– Gorro para el sol.
– Repelente para los mosquitos.
– Traje de fiesta.
– Antialérgicos.
– Betún para los zapatos.
– Placa con el grupo sanguíneo.
– Los teléfonos de la policía, los bomberos y hospital grabados en el móvil.

6 **Me temo** `LA 4`

Completa estas frases usando las estructuras para expresar resignación (página 52 del Libro del alumno).

1. Hemos recibido una carta del banco: estamos sin saldo, *me temo que tendremos que pedir dinero a tu hermano.*

2. No queda ni una entrada para el concierto del domingo ....

3. .... no habrá más remedio que llamar al fontanero.

4. Tenía el billete a Sevilla para el día 28 y resulta que me han puesto un examen para ese mismo día ....

5. Tiene muchos problemas en el colegio, ...

6. ...., le diré que tiene que irse a otro piso, esto no puede seguir así.

7. ...., me temo que tendré que ponerme gafas.

8. ...., creo que hay que retrasar la fecha de entrega, no hay más remedio.

9. Los pisos en esta zona están carísimos ....

7 **Seguro que ayer salió hasta las tantas** `LA 4`

A. De estas cuatro conversaciones, ¿cuál corresponde a la situación en la que alguien no llega a una reunión importante a primera hora de la mañana?

● **No creo que** le pase nada, todo el mundo tiene un mal día, ¿no?
○ Sí, **habrá discutido** con su novia.
■ O **estará** un poco cansado, últimamente trabaja mucho.
◻ **Quizá** se ha enfadado por lo de la reunión del viernes.

● **Quizás** ha cambiado de dirección.
○ ¿Sabes?, **puede que** esté de viaje, últimamente no para en casa.
■ Pues yo **creo que estará pensando** la respuesta.
◻ **Probablemente** preferirá llamarte por teléfono.

● ¿Se le **habrá acabado** el presupuesto?
○ No creo, **seguramente** lo acabará cuando haga mejor tiempo.
■ **Igual** piensa dejarlo así.
◻ O **quizás** esté esperando a que le den la subvención.

● Se **habrá quedado** dormido.
○ O **igual** está ya de camino.
■ **Seguro que** salió ayer hasta las tantas y ahora no puede ni levantarse.
◻ Oye, **puede que** esté enfermo y se haya quedado en cama. Ayer tenía mucha tos.
▲ Entonces, **no creo que** venga.

B. ¿A qué otras situaciones corresponden las tres restantes?

C. Escribe las diferentes hipótesis que podrían hacer tres personas que se han enterado de que una amiga que iba a casarse ha roto de repente su compromiso.

GENTE Y AVENTURA

8 Un escritor de viajes LA 6

Un periodista y escritor de libros de viajes ha mantenido un chat en un periódico digital. Relaciona las preguntas que le han hecho con sus respuestas.

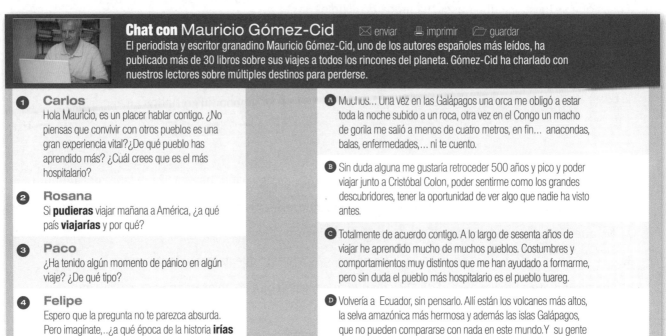

Chat con Mauricio Gómez-Cid ✉ enviar 🖶 imprimir 🗁 guardar

El periodista y escritor granadino Mauricio Gómez-Cid, uno de los autores españoles más leídos, ha publicado más de 30 libros sobre sus viajes a todos los rincones del planeta. Gómez-Cid ha charlado con nuestros lectores sobre múltiples destinos para perderse.

1 Carlos
Hola Mauricio, es un placer hablar contigo. ¿No piensas que convivir con otros pueblos es una gran experiencia vital? ¿De qué pueblo has aprendido más? ¿Cuál crees que es el más hospitalario?

2 Rosana
Si **pudieras** viajar mañana a América, ¿a qué país **viajarías** y por qué?

3 Paco
¿Ha tenido algún momento de pánico en algún viaje? ¿De qué tipo?

4 Felipe
Espero que la pregunta no te parezca absurda. Pero imagínate,…¿a qué época de la historia **irías** si **pudieras** viajar en el tiempo?

A Muchos… Una vez en las Galápagos una orca me obligó a estar toda la noche subido a un roca, otra vez en el Congo un macho de gorila me salió a menos de cuatro metros, en fin… anacondas, balas, enfermedades,… ni te cuento.

B Sin duda alguna me gustaría retroceder 500 años y pico y poder viajar junto a Cristóbal Colon, poder sentirme como los grandes descubridores, tener la oportunidad de ver algo que nadie ha visto antes.

C Totalmente de acuerdo contigo. A lo largo de sesenta años de viajar he aprendido mucho de muchos pueblos. Costumbres y comportamientos muy distintos que me han ayudado a formarme, pero sin duda el pueblo más hospitalario es el pueblo tuareg.

D Volvería a Ecuador, sin pensarlo. Allí están los volcanes más altos, la selva amazónica más hermosa y además las islas Galápagos, que no pueden compararse con nada en este mundo. Y su gente es encantadora.

B. Observa en el texto anterior los verbos en negrita y completa la regla.

> Para expresar situaciones hipotéticas poco probables o irreales en el presente o en el futuro usamos la estructura:
>
> **Si** + imperfecto de subjuntivo , ...

9 Dijeron, dijeran LA 6

A. ¿Recuerdas las formas irregulares en pretérito indefinido? Te será útil revisarlas para formar los irregulares del pretérito imperfecto de subjuntivo. Completa el cuadro.

verbo	pretérito indefinido (3ª pers. plural)	pret. imperfecto de subjuntivo (3ª pers. plural)	verbo	pretérito indefinido (3ª pers. plural)	pret. imperfecto de subjuntivo (3ª pers. plural)
decir	dijeron	dijeran	poner		
hacer			haber		
dar			tener		
querer			estar		
venir			andar		
poder			ir		
saber			traer		

B. Conjuga en tu cuaderno el resto de personas de los verbos en pretérito imperfecto de subjuntivo.

C. Utiliza alguno de los verbos anteriores para completar estas frases.

1. ¿Qué harías si en el restaurante te ....una botella de vino carísimo, invitación de un atractivo desconocido?

2. ¿Qué harías si el vecino al que odias te ....que se ha enamorado de ti?

3. ¿Qué harías si este mes no ....pagar al banco la hipoteca del piso?

10 **Un deporte de riesgo** LA 6

A. Raquel quiere practicar submarinismo y por eso ha hecho el examen para obtener el certificado de submarinista. Escucha el audio. ¿Cuáles de estos temas han salido en el examen?

30

Principales riesgos de la práctica del submarinismo:

☐ corrientes submarinas   ☐ frío
☐ animales peligrosos   ☐ fatiga
☐ mar agitada   ☐ desorientación
☐ oscuridad   ☐ ataque de pánico
☐ rocas   ☐ rotura o pérdida de las gafas de bucear
☐ mareas   ☐ accidente de descompresión al ascender
☐ dolores de oído al descender ☐ falta de oxígeno en las botellas
☐ mareos en profundidad (narcosis) ☐ pérdida del cinturón de lastre
☐ calambres

B. Intenta reconstruir las preguntas del examen. Luego, respóndelas según tu opinión.

1. ¿Cómo reaccionarías si se te rompieran o perdieras las gafas?

   Avisaría a un compañero y...
   ....
   ....

2. ....
   ....
   ....
   ....

3. ....
   ....
   ....
   ....

4. ....
   ....
   ....
   ....

GENTE Y AVENTURA

4 ejercicios

11 El vaso medio lleno `LA 4`

A. Gema siempre ve las cosas de forma muy positiva. No le pasa lo mismo a Raúl. Completa las partes que faltan.

¡Qué bien ir a la fiesta de Carmen! Seguramente van los asturianos, son muy majos...

Sí, los que seguro que van son los pesados de Paco y Carlota. Yo no los aguanto.

1. ● Me apetece muchísimo ir de excursión al delta del Ebro. En esta época del año a lo mejor vemos flamencos.
   ○ Flamencos, no sé. Pero lo que sí habrá son mosquitos; eso seguro. Ya verás, el lunes volveremos a casa totalmente acribillados.

2. ● He quedado con Javier y con César. A lo mejor nos llevan a aquel restaurante indio tan bueno.
   ○ ....

3. ● Pues este piso es muy barato para la zona donde está. Quizás es porque el dueño tiene prisa en venderlo.
   ○ ....

4. ● Voy al dentista a las 12 h, pero creo que estaré de vuelta para la comida.
   ○ ....

5. ● ....
   ○ No sé... Es una materia muy nueva. No creo que los profes que la dan tengan conocimientos sobre el tema.

6. ● Estoy llamando a mi familia y no contestan. Habrán decidido pasar el fin de semana en la costa.
   ○ ....

B. Intenta escribir dos predicciones más sobre algún tema que te interese. Tu compañero reaccionará ante ellas de forma optimista o pesimista.

12 Planes `LA 5`

Paco, Carmen e Isabel hablan de distintos temas. ¿Cuáles son? Escríbelo en la primera columna. Después, marca en la casilla correspondiente el grado de certeza con el que se expresan sobre estas cuestiones.

31

		MUY SEGURO	POCO SEGURO	NADA SEGURO
Paco	Acabará sus estudios.			
	Pedirá una beca.			
Carmen				
Isabel				

13 **En cuanto pueda** `LA 7`
Relaciona cada una de las intervenciones con las reacciones a ellas.

INTERVENCIONES

1. Oye, que yo también friego los platos y pongo la mesa...
2. ¿Y fuisteis a celebrarlo?
3. ¿Estuvisteis mucho tiempo en casa de Teresa?
4. Pasaré por tu casa un día de estos a buscar aquellos libros que te dejé.
5. ¿Y vas a estar mucho tiempo sin hablarle?
6. ¿Le devolverás el dinero que le debes?
7. ¿Sigues yendo al gimnasio?
8. Oye, ¿me avisarás cuando salga la nota de química?

REACCIONES

a. Cuando quieras.
b. No, hasta que vinieron a buscarnos.
c. Sí, en cuanto acabó el partido.
d. Sí, cuando quieres.
e. Sí, en cuanto pueda.
f. No sé, hasta que cambie de actitud.
g. Sí, tan pronto como salga, te aviso.
h. Hombre, cuando puedo.

14 **Ahora o después** `LA 7`
Lee las siguientes respuestas y gradúalas, según la intención que manifiestan en realizar algo.

1. ¿Puedes llevar estos paquetes a correos?
   ☐ Sí, en cuanto termine esto.
   ☐ Sí, cuando tenga un momento.
   ☐ Sí, enseguida.

2. ¿Cuándo vas a llamar a Pepe Ramírez?
   ☐ Cuando pueda.
   ☐ Ahora mismito.
   ☐ Cuando haya acabado esto.

3. ¿Escribimos el informe?
   ☐ Sí, cuanto antes mejor.
   ☐ Sí, cuando acabemos esto.
   ☐ Tan pronto como acabemos esto.

4. ¿Vas a comprar las entradas para el concierto?
   ☐ Sí, cuando tenga un momento.
   ☐ Sí, en cuanto acabe de arreglar esto.
   ☐ Sí, cuando haya acabado de arreglar esto.

1 muy pronto
2 bastante pronto
3 no se sabe cuándo

15 **Hasta que llegó** `LA 7`
Completa estas frases con las opciones del cuadro que las acompaña. En cada bloque hay un tiempo verbal que no encaja. ¿Cuál? ¿Por qué?

Esperé allí hasta que ....

Esperaré allí hasta que ....

Normalmente le espero allí hasta que ....

| llegue | llegó | llegará | llega |

No me moveré de aquí hasta que ....

No me moví de aquí hasta que ....

No me he movido de aquí hasta que ....

| me llama | me ha llamado | me llame | me llamó |

No le he vuelto a hablar hasta que .... perdón.

No le volveré a hablar hasta que .... perdón.

No le volví a hablar hasta que .... perdón.

| me pide | me ha pedido | me haya pedido | me pidió |

Estuve callada hasta que él .... de hablar.

Estaré callada hasta que él .... de hablar.

Normalmente estoy callada hasta que él .... de hablar.

| acaba | acabe | acabará | acabó |

ASÍ PUEDES APRENDER MEJOR

  Turnos de habla

A. Uno de los rasgos que caracteriza la conversación coloquial es la alternancia de turnos no predeterminada. En español la toma y la cesión del turno se efectúan de forma muy dinámica y requieren una cierta agilidad y el desarrollo de estrategias de interacción. Observa en el siguiente texto en qué palabras se apoya el interlocutor para tomar el turno.

- A mí me gustaba Gran Hermano, puro...
- ¿Por qué? ¿Por qué?
  - ¿Por qué? Por el morbo.
  - Un programa donde...
- Bueno, pues...
- Ni morbo... Un programa destructivo, barato...
  - Te estás contradiciendo. Si estás diciendo...
- No me estoy contradiciendo... Lo que yo defiendo es que *Operación Triunfo* es otro *Gran Hermano*..., otro tipo un poco más elegante, sí, tal vez sí, pero no es nada más...
- ¡Ah!, amiga, un poco más elegante...
- Lo único que lo diferencia es...
- Ah, no, no, no; no es un pelín...
  - Mucho más elegante...
- ¿Mucho más elegante?
- Hombre...
- Han cogido un poquito de...
  (...)
- ... hazle caso a Pablo que él es músico y él sabe...
  - ¿Eres músico?
- ¡Ah! ¿Sí?
- No sabía...
- Y, ¿qué? Desde el punto de vista de un músico..., ¿qué?
- Hombre, está bastante bien. (...)

B. ¿Se da este mismo fenómeno en tu lengua? ¿De qué manera?

La repetición de lo último que ha dicho el interlocutor puede ser un buen recurso para tomar el turno: "ah, amiga, un poco más elegante...", o la intensificación: "mucho más elegante..." O el uso de algunos marcadores: "bueno pues...", "hombre..." En general, en una conversación de tono informal y relajado, los hablantes esperan un juego de alternancias de turnos. En general no se sentirán ofendidos por la toma de turno de otro participante, ya que además cuentan con estrategias para recuperar la intervención si les conviene.

DIARIO DE APRENDIZAJE

Impresiones sobre el progreso en mi competencia de español:

1. ¿En qué aspectos he mejorado?

2. ¿Cómo he conseguido hacerlo?

5

gente con derechos

1 **Primeras palabras**

A. Aquí tienes algunas palabras y expresiones útiles para esta unidad. ¿Las conoces? ¿Puedes relacionarlas con las imágenes?

reivindicar un derecho .... libertad de expresión .... consumo ....
reclamación ...... presentar una queja .... participar en una asamblea ...
prohibición .... publicidad indirecta .... publicidad ....

B. ¿Conoces otras palabras en español que puedan ser útiles para esta unidad? Escríbelas en tu cuaderno.

2 **El idioma de los animales** `LA 1`

A. Algunos animales emiten sonidos para comunicarse entre ellos. En español, decimos que "hacen" estos sonidos. ¿Qué animales crees que son?

SONIDOS	ANIMAL
¡guau-guau!	un perro
miau-miau	un...
muuuuu	una...
pío-pío-pío	un...
beeee, beeee	una...
¡kikirikí!, ¡kikirikí!	un...
cua-cua, cua-cua	un...
¡hiho! ¡hiho! ¡hiho!	un...
croac-croac	una...

B. ¿Qué sonidos "hacen" en tu idioma o en algún otro que conoces? Coméntalo con tus compañeros.

3 **Experimentos con animales** `LA 2`

32

A. Un representante de la industria farmacéutica y un miembro de una asociación ecologista participan en un debate sobre los experimentos con animales en la investigación médica. Escucha y anota en tu cuaderno los argumentos que defiende cada uno.

Representante de la industria farmacéutica	Miembro de una asociación ecologista
1. La experimentación con animales tiene una finalidad moral, que es prevenir enfermedades del hombre. 2. 3.	1. 2. 3.

B. ¿Con cuál de estas dos posturas estás de acuerdo? Usando los siguientes recursos, crea frases que expongan los argumentos que te parezcan más convincentes y añade algunos nuevos si lo consideras necesario.

1. .... podrá ser muy ...., pero más lo es ....

2. .... tal vez no tenga ...., pero sí tiene .... Y además ....

3. No sólo es que ...., sino que además ....

4. Si bien es indiscutible que ...., también es cierto que ....

5. En un primer momento puede parecer que .... Ahora bien, si lo miramos con más calma, ...

6. Es verdad que no es lo mismo .... que ...., pero tampoco ....

7. Es lo mismo .... que .... Así que, ¿.............................?

8. Está claro que ...., pero ....

9. Aunque pueda parecer que ...., en realidad ....

10. Es absolutamente necesario que ...., a no ser que ....

C. ¿Todos pensáis del mismo modo en clase? Busca a otros compañeros que piensen como tú y luego, en pequeños grupos, contrastad vuestras opiniones con las de otros compañeros que piensen de forma diferente.

GENTE CON DERECHOS

4 **Derechos del consumidor** `LA 3`

¿Recuerdas los derechos básicos del consumidor? Completa los enunciados y relaciónalos con el derecho correspondiente.

> decidirnos   a cambio de   respete   contrato   defendidos
>
> normas   derecho   organizarnos   defender   presentar   cumplir

1. Derecho a la compensación

2. Derecho a elegir

3. Derecho a la seguridad y calidad

4. Derecho a la protección

a. Al .... por un producto o servicio, nadie puede presionarnos, condicionarnos la venta .... comprar algo que no queremos, o exigir pagos o anticipos sin que se haya firmado un ....

b. Si un proveedor nos vende un producto de mala calidad o que no cumple con las ...., tenemos .... a que nos lo repongan o nos devuelvan el dinero.

c. Los bienes y servicios que se ofrecen en el mercado deben .... con normas y disposiciones en materia de seguridad y calidad.

d. Podemos ser .... por las autoridades y exigir la aplicación de las leyes; también .... con otros consumidores para .... intereses comunes. Cuando algún proveedor no .... nuestros derechos, podemos .... nuestra queja o llamar para denunciar un abuso.

5 **Dos reclamaciones** `LA 4`

33-34

A. Busca el significado de estos adjetivos. Después, escucha otra vez el audio de la actividad 4 del Libro del alumno. ¿Qué actitud tienen las personas que se quejan? ¿Y las que atienden? ¿En qué lo notas?

> contundente   grosero/a   calmado/a
> amable   insistente   amenazador/a
> autoritario/a   positivo   educado/a
> asombrado/a   flexible

B. Escucha atentamente las dos conversaciones y observa cómo se desarrollan las dos reclamaciones. Anota alguna de las expresiones que utilizan para cada fase de la intervención.

Vuelo retrasado	Refresco sin efecto energético
1) Presenta su queja: *Buenos días, quería solicitar una devolución, ...*	1) Presenta su queja:
2) Cuenta de manera detallada la causa de su reclamación:	2) Cuenta de manera detallada la causa de su reclamación.
3) Justifica su reclamación y hace valer sus derechos:	3) Justifica su reclamación y hace valer sus derechos:
4) Insiste en su reclamación:	

 C. Tu profesor te pasará las transcripciones de los dos diálogos. Con un compañero, representadlos y dadles la entonación adecuada.

6 Irregularidades en las rebajas `LA 4`

A. ¿Sabes lo que son las rebajas? Lee este artículo acerca de las irregularidades que cometen algunos comercios durante este periodo y escoge las cinco que consideres más graves.

LAS REBAJAS,

¿rebajan nuestros derechos?

Los españoles compramos más en rebajas, puesto que nos resulta mucho más atractivo y asequible. Sin embargo a veces pensamos equivocadamente que por el hecho de ser un producto de rebajas no tenemos los mismo derechos como consumidores.

➤ Muchos de los establecimientos que anuncian rebajas no exponen de forma visible la fecha de inicio y fin de estos descuentos.

➤ Algunos comercios se niegan a admitir devoluciones de artículos defectuosos o con desperfectos comprados durante las rebajas.

➤ En algunos establecimientos, los artículos rebajados no están separados de los otros.

➤ En muchas tiendas no admiten devoluciones de los artículos durante este periodo. Entre las que sí las admiten, la mayoría solo da opción a cambiar lo devuelto por otro artículo o por un vale, y solo una minoría devuelve el importe en metálico.

➤ En una gran parte de los comercios no se ve ningún cartel que anuncie si se admiten o no devoluciones.

➤ El 3% de los artículos rebajados son defectuosos.

➤ En muchas etiquetas no aparece el precio original junto al rebajado.

➤ En algunos comercios no se admite el pago con tarjeta de crédito en periodo de rebajas y sí se admite en otros.

➤ En un considerable número de establecimientos, los artículos del escaparate no indican los precios.

Clientas en un centro comercial durante el primer día de la campaña de rebajas

B. Ahora imagina que eres el delegado de una asociación de consumidores y que te entrevistan en televisión, ¿qué argumentos puedes formular para denunciar, hacer propuestas o sugerir soluciones?

● Las autoridades deberían exigir que los comercios aceptasen la compra con tarjeta de crédito durante todo el año.

Las tiendas están obligadas a + infinitivo
Las autoridades deberían + infinitivo
Debería estar prohibido + infinitivo
Debería estar prohibido que + subjuntivo
Habría que + infinitivo
Deberían / tendrían que + infinitivo
Sería conveniente que + imperfecto de subjuntivo
Es ilegal que + subjuntivo

GENTE CON DERECHOS

7 Reunión de la comunidad [LA 5]

En el inmueble donde vives se van a realizar unas reformas necesarias que causarán bastantes molestias a los vecinos. Se hizo una reunión para establecer las condiciones en las que se deberían realizar las obras. Tú, como secretario, tomaste unas notas; ahora redacta el acta de la reunión.

siempre que + subjuntivo
siempre y cuando + subjuntivo
con tal de que + subjuntivo
si prometen que + futuro
si se comprometen a + infinitivo
si se garantiza que + subjuntivo

Acta de la reunión sobre las próximas reformas del inmueble situado en c/ Europa, 113, 28010, Madrid.

– La Comunidad de vecinos acepta que haya cortes de agua durante 72 horas, siempre y cuando éstos se realicen a partir de las 10h.

1. Las obras se realizarán durante los meses de noviembre y diciembre
→ Horario: 8-13hs
15-19h
Excepto sábados → 9-15h

2. 72 horas sin agua → A partir de las 10h

3. a días sin calefacción → Avisar con antelación

4. Cambiar tuberías de gas → 1° los vecinos del 1°, 2° y 3°. (15 horas de trabajo) Después, los del 4° y 5°

5. Realizar mejoras en la instalación eléctrica (6 horas) → Realizar a media mañana

6. 4 días con cortes en el suministro eléctrico (10 horas diarias) → Después de las 10'30h

7. 2 días sin ascensor → Viernes y sábado

8. Los sacos de cemento permanecer en el portal → En la parte trasera, al lado de los ascensores

8 Añadir más argumentos [LA 6]

¿Qué argumento añadirías a las frases de la izquierda? Intenta encontrarlo en la parte derecha.

1. No sé qué le pasa, que últimamente no come carne, ni verduras... ☐

2. Mira, no tengo tiempo ni ganas para escuchar tonterías. ☐

3. Pues es una persona muy atenta y educada. ☐

4. Es una mujer de mundo. Ha vivido en Canadá, en Brasil y en Hungría. ☐

5. No quiero verte más aquí: ni trabajas, ni estudias, ni nada. ☐

6. Es un coche potente, resistente y rápido. ☐

7. A Juan le he dejado dinero y le he hecho no sé cuántos favores. ☐

a **E incluso** creo que estuvo un tiempo en Sudáfrica.

b **Y encima**, en casa no haces nada.

c **Incluso** nos ha invitado a unos cafés hoy.

d **¡Ni siquiera** toma unas vitaminas o algo!

e **Y también** económico para su clase.

f **Así que** dime qué quieres, que estoy muerta de cansancio.

g **¡Y ni siquiera** lo conozco!

9 **Expresamos opinión** `LA 7`

¿Estás de acuerdo con estas opiniones? Responde a estas afirmaciones escogiendo una de las alternativas, según tu opinión, y subráyala. Luego, añade una justificación sin utilizar **porque**.

1. ● A mí, los anuncios de la tele me parecen cada vez más ingeniosos.

○ Es que lo son / <u>Pues a mí no me lo parecen</u>.

■ A mí, lo que me parece es que cada vez son más agresivos.

2. ● Con la globalización, las libertades del individuo están en peligro.

○ Sí, sí que lo están / No, no hay peligro, no lo están.

■ ....

3. ● La clonación de seres humanos es un gran avance para la ciencia.

○ Sí lo es / No, no lo es.

■ ....

4. ● Los no fumadores están siendo muy intransigentes con la gente que fuma.

○ Bueno, lo están siendo en algunos países / Pues yo creo que no lo están siendo tanto.

■ ....

5. ● Los políticos, en general, me parecen gente honrada.

○ A mí también me lo parece / Pues, para mí, no lo son (nada).

■ ....

10 **Marcamos inicio** `LA 8`

A. Aquí tienes cuatro frases con recursos para expresar inicio. ¿En qué contextos crees que se han dicho estas frases?

1. Queda claro, ¿verdad? **De ahora en adelante**, aquí se viene con corbata.

2. Puede venir a recoger su abrigo **a partir del miércoles**.

3. **A partir de este año** todas las familias con hijos menores de 5 años percibirán una ayuda de 1000 euros anuales por hijo.

4. **A partir del próximo 1 de enero**, nuestra tarifa plana de internet, más barata todavía.

B. ¿Qué cosas crees que dirían estas personas para hablar del futuro? Puedes usar los recursos en negrita de las frases anteriores.

– una persona recién jubilada a un amigo
– el hombre del tiempo
– una pareja que acaba de tener un hijo
– alguien que ha decidido hacer régimen

GENTE CON DERECHOS

11 Derechos Humanos LA 9

A. La organización Amnistía Internacional denuncia todos los años las violaciones de los derechos humanos que se producen en el mundo. ¿Sabes cómo se formulan estos derechos en español? Intenta relacionarlos con los casos que denuncia Amnistía Internacional.

DECLARACIÓN DE DERECHOS HUMANOS DE NACIONES UNIDAS

A. Todos los seres humanos nacen libres e iguales (...) sin distinción alguna de raza, color, sexo, idioma, religión, opinión (...) y todos son iguales ante la ley.

B. Todo individuo tiene derecho a la vida, a la libertad y a la seguridad de su persona.

C. Nadie podrá ser arbitrariamente detenido, preso ni desterrado.

D. En caso de persecución, **toda persona tiene derecho a** buscar asilo, y a disfrutar de él, en cualquier país.

E. Todo individuo tiene derecho a la libertad de opinión y de expresión.

DATOS OBTENIDOS DEL INFORME ANUAL 2014/2015 DE AMNISTÍA INTERNACIONAL*

1. Casi 3 de cada 4 gobiernos (119 de 160) restringió la libertad de expresión de manera arbitraria. Hubo restricciones a la libertad de prensa en muchos países, que fueron testigo de clausuras de periódicos y amenazas a periodistas.

2. Se sabe que al menos 2 466 personas fueron condenadas a muerte en 55 países en 2014. Se creía que al finalizar 2014 había en todo el mundo al menos 19 094 personas condenadas a muerte.

3. Se calcula que 3, 2 millones de personas que están en prisión no han sido todavía juzgadas.

4. Los pueblos indígenas sufren tasas superiores de pobreza, carencia de tierras, malnutrición y desplazamiento interno, y niveles inferiores de alfabetización y menos acceso a los servicios de salud.

5. Se calcula que al final de 2013 había en el mundo unos 14,2 millones de personas refugiadas.

B. Las siguientes informaciones se refieren a la violación de otros tantos derechos de las personas. ¿Puedes formular esos derechos? Las expresiones que tienes a continuación te pueden ser útiles.

libertad de expresión / de conciencia / de reunión pacífica / religiosa / ideológica
derecho de asociación / a la educación / al trabajo / a la integridad física
igualdad de derechos / oportunidades
(sin) discriminación por razón de sexo / raza / religión

1. Durante los 5 últimos años, Amnistía Internacional ha informado sobre actos de tortura en al menos tres cuartas partes del mundo: 144 países.

Nadie será sometido a torturas ni a penas o tratos crueles, inhumanos o degradantes.

....

2. 61 millones de menores (en su mayoría niñas) no tienen acceso a la educación.

....

3. En muchos lugares, existen leyes que convierten a las mujeres en ciudadanas de segunda clase. No pueden vestirse como quieren, conducir un coche o trabajar por la noche.

....

4. Más del 10% de los habitantes del mundo viven en un barrio marginal o asentamiento informal en condiciones de vida terribles, con hacinamiento, poco o ningún acceso a agua apta para el consumo, aseos o servicios de salud.

....

5. A personas que habían escapado de su país por defender ideas políticas diferentes de las del régimen establecido, se les negó asilo político al llegar a otro país.

....

C. Mira cómo están escritos los artículos de la Declaración Universal de Derechos Humanos en http://www.un.org/es/documents/udhr/ y coméntalos con tus compañeros.

Panfletos `LA 8`

La Liga Pro-Comida Procesada y el Club del Consumo Natural están redactando, cada uno, un panfleto de conducta, para sensibilizar a la gente sobre sus puntos de vista. ¿Con qué postura te sientes más identificado? ¿Puedes ayudar "a los tuyos" a terminar de escribir su panfleto?

LIGA PRO-COMIDA PROCESADA

1. A partir de ahora, los niños podrán tomar tantas pizzas, hamburguesas y dulces como quieran.
2. Todo el mundo tendrá la obligación de comer en un restaurante de comida rápida una vez al día, por lo menos.
3. (*beber bebidas azucadaras*)
4. (*comprar verdura fresca*)
5. (*usar colorantes y saborizantes artificiales*)
6. ....
7. ....
8. ....

CLUB DEL CONSUMO NATURAL

1. A partir del próximo año, queda prohibido alimentar a los niños con cualquier tipo de comida rápida (pizza, hamburguesas, patatas fritas,...).
2. No se podrán vender caramelos con azúcar. Las personas que los vendan serán condenadas a tres meses de ejercicio físico en el campo.
3. (*consumir bollería industrial*)
4. (*comprar productos envasados*)
5. (*importar productos fuera de temporada*)
6. ....
7. ....
8. ....

 ¿A favor o en contra de la publicidad? `LA 9`

A. Vas a escuchar de nuevo el audio de la actividad 9 del Libro del alumno. Anota alguno de los argumentos que utilizan para defender o matizar sus opiniones y sus propuestas. Compara luego tus anotaciones con las de tus compañeros.

35-37

		¿Qué opina?	¿Hace alguna propuesta?¿Cúal?
Diálogo 1	Persona 1		
	Persona 2		
Diálogo 2	Persona 1		
	Persona 2		
Diálogo 3	Persona 1		
	Persona 2		

B. Clasifica en la tabla estas formas para dar nuestra opinión y para expresar acuerdo o desacuerdo con la opinión expresada por otros.

1. (Bueno, al menos) eso es lo que pienso.

2. Eso que tú dices es una tontería.

3. Yo no lo veo (en absoluto) igual que tú. Yo soy de la misma opinión que tú.

4. Yo diría que la publicidad es positiva. (Bueno) así lo veo yo.

5. Es verdad, tienes razón. Yo lo veo como tú.

6. Lo que yo digo es que la publicidad cambia nuestro comportamiento.

7. Yo no estoy (nada) de acuerdo contigo.

Suavizar nuestra opinión respecto a un tema	Concluir una argumentación	Expresar acuerdo	Expresar desacuerdo
	(Bueno) así lo veo yo.		

 **C.** Expresa tu opinión sobre alguno de estos temas. Tus compañeros deberán reaccionar según sus propias ideas.

aprender a leer a los 7 años   la cocina vegana
el boxeo   los deportes de riesgo
el nudismo
la telebasura
las corridas de toros

ASÍ PUEDES APRENDER MEJOR

Literalmente

A. Escucha estos diálogos. ¿Puedes interpretar lo que se dice en los fragmentos marcados en negrita? ¿Qué te imaginas que significan? ¿En qué te apoyas? ¿Con el significado literal de las palabras tienes suficiente información para entenderlo?

- • Quería llevarte al museo de arte contemporáneo, pero mejor te llevo al cine, ¿no?
- ○ ¿Y a ti **quién te ha dicho que** no me gusta el arte?

- • **¿A que no sabes** a quién he visto hoy?
- ○ ¿A quién?

- • ¡Me encanta la cocina china!
- ○ **¿Desde cuándo**?

B. Seguro que en tu lengua tú también utilizas algunas frases o expresiones que quieren decir otra cosa diferente a lo que significan si las analizas palabra a palabra. Anota algunas y coméntalas con tus compañeros.

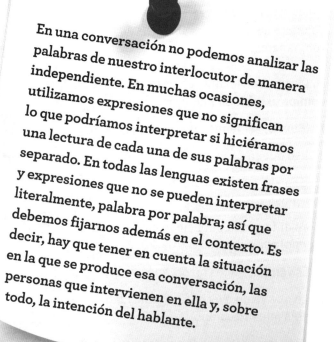

¿A qué no sabes a quién he visto hoy?

Pues no, no lo sé.

En una conversación no podemos analizar las palabras de nuestro interlocutor de manera independiente. En muchas ocasiones, utilizamos expresiones que no significan lo que podríamos interpretar si hiciéramos una lectura de cada una de sus palabras por separado. En todas las lenguas existen frases y expresiones que no se pueden interpretar literalmente, palabra por palabra; así que debemos fijarnos además en el contexto. Es decir, hay que tener en cuenta la situación en la que se produce esa conversación, las personas que intervienen en ella y, sobre todo, la intención del hablante.

DIARIO DE APRENDIZAJE

Impresiones sobre el progreso en mi competencia de español:

1. ¿En qué aspectos he mejorado?

2. ¿Cómo he conseguido hacerlo?

6

gente con corazón

1 Primeras palabras

A. Aquí tienes algunas palabras y expresiones útiles para esta unidad. ¿Las conoces? ¿Puedes relacionarlas con las imágenes?

ser (des)considerado ...... situación conflictiva ...... estar harto ......

tener celos ...... ser envidioso ...... tener un corazón muy grande ......

ser muy sociable ...... ser detallista ......

B. ¿Conoces otras palabras en español que puedan ser útiles para esta unidad? Escríbelas en tu cuaderno.

2 **Un viaje difícil** `LA 1`

Completa el cómic con lo que crees que piensan o dicen los personajes.

Fue una época inolvidable `LA 2`

A. ¿Cómo fueron estas épocas o situaciones? Usa un elemento del apartado 1 y otro elemento de 2A o 2B para formular valoraciones.

1. Estuvimos tres meses en una isla del Pacífico. Solos los dos, con tiempo para todo, sin problemas de trabajo.

Fueron unos meses inolvidables.

2. Estuve todo julio y agosto encerrado en casa terminando el proyecto de fin de carrera. Hacía un calor horrible y todos mis amigos se habían ido de vacaciones.

3. Hacia las dos de la madrugada vinieron los bomberos, tiraron abajo la puerta del 3ºA, luego vino la policía y estuvieron interrogando a todos los vecinos hasta las 6 h.

4. El autobús era incomodísimo, el viaje duró catorce horas, el hotel era ruidoso y sucio y, encima, la pesada de Luisa, que hablaba todo el tiempo.

5. Jerónimo estuvo desde las ocho hasta las cuatro de la mañana en la unidad de cuidados intensivos.

6. Estaba muy mal y los médicos no nos daban ninguna esperanza.

7. Yo tenía dieciocho años. No tenía nada de dinero y estaba solo en la ciudad, sin amigos, sin familia. No encontraba trabajo y tenía que estudiar mucho.

8. Había muy buen ambiente entre los compañeros de clase, nos reíamos mucho y el profesor era muy bueno.

9. Desde el principio, nos llevábamos muy mal, siempre discutiendo, siempre enfadados hasta que nos separamos. Éramos incompatibles.

10. He estado toda la mañana corriendo de un lado a otro de la ciudad en metro, y, para colmo, no he resuelto nada.

11. El policía me ha dicho que le entregara mi pasaporte y que no podía tomar el avión. Sin más explicaciones. En tan solo unos minutos se ha aclarado todo pero... ¡Uf!

2A Del / de la / de los/as que tengo...
... muy buenos recuerdos
... muy malos recuerdos

1 una noche / una semana / un curso
un viaje / unos años / una época
una temporada / unas navidades
un verano /unas semanas / unos días /
unos momentos / unas horas

2A (muy / nada) terrible / difícil / fácil
divertido / fantástico
pesado / intenso / duro
interesante / raro

 B. ¿Lo hacemos al revés? Inventa situaciones o épocas que justifiquen estas valoraciones. Anótalas en tu cuaderno.

1. Fue una época muy dura para toda la familia.

2. Fueron las mejores vacaciones de mi vida.

3. Ha sido un verano horroroso.

4. Fueron unas navidades espantosas.

5. No fue una época nada fácil.

6. Han sido unas semanas inolvidables.

7. No fue una noche muy divertida.

8. Han sido unas horas pesadísimas.

C. Ahora, observa las frases de **A** y completa la regla.

> ▶ Para describir acciones o acontecimientos usamos los tiempos verbales:
>
> ....
>
> ▶ Para valorar globalmente la etapa a la que nos referíamos usamos:
>
> ....

4 **Odia que le mientan** `LA 3`

Lee los pares de frases de la izquierda. Todas expresan actitud o sentimiento ante las acciones de otro. ¿Cuál de las dos corresponde al contexto o a la explicación de la columna de la derecha? Márcalo (✓).

1.	☐ Julián no soporta que le lleven la contraria. ☐ Julián no soportaba que le llevaran la contraria.	**Hablan de un antiguo jefe con el que ya no mantienen contacto.**
2.	☐ Le encanta que le regales libros. ☐ Le ha encantado que le regalaras libros.	**Para su último cumpleaños, le has regalado libros, cosa no habitual.**
3.	☐ Arturo odiaba que le mintieran. ☐ Arturo odia que le mientan.	**Arturo murió.**
4.	☐ No le interesa que la nombren jefa del departamento. ☐ No le interesaba que la nombraran jefa del departamento.	**Le ofrecieron un puesto en la Dirección y no lo aceptó.**
5.	☐ A Elisa le gusta que le digas las cosas claras. ☐ A Elisa le ha gustado que le dijeras las cosas claras.	**Acabas de hablar con Elisa, de forma muy sincera, de un tema desagradable.**

5 **Los recuerdos de Laura** `LA 6`

A. Laura recuerda en sus memorias cómo eran sus abuelos, padres y hermanos. ¿De qué personas de las que habla podemos afirmar que todavía viven? Acaba las frases en tu cuaderno.

1. Mamá tenía muy mal genio y le ponía muy nerviosa que los niños *jugaran en el salón cuando había visitas.*

2. Eva, la pequeña, era una persona un poco egoísta. Siempre quería que...

3. Anita, que era dos años menor que yo, era muy tímida y no soportaba que...

4. El abuelo era un hombre maravilloso. Siempre estaba alegre y no aceptaba que nadie...

5. A Pablo, el segundo, le fascina que...

6. Papá era una persona un poco especial. Le gustaba estar solo y no toleraba que...

7. A Vicente, el mayor, toda la vida le ha encantado que...

8. Raúl, el tercero, estaba muy unido a la familia y no soportaba que...

9. A la abuela le gustaba mucho que los niños... pero no nos permitía que...

10. A Marina siempre le ha sentado fatal que los otros hermanos...

B. Escribe cuatro frases del mismo tipo para referirte a situaciones pasadas o presentes (con los verbos principales en presente, pretérito perfecto, pretérito indefinido y pretérito imperfecto). Piensa en personas de tu entorno familiar, profesional o académico.

6 **¿La de antes o a la de ahora?** `LA 6`

41-48

A. Isaac habla de su jefa actual y también se refiere a su antigua jefa. Marca (✓) de quién habla en cada caso.

	1	2	3	4	5	6	7	8
Isaac habla de su jefa actual								
Isaac habla de su ex jefa								

B. ¿Crees que las dos personas de las que habla se parecen en algo? ¿En qué? Formúlalo.

7 **Solo piensa en sí mismo** `LA 5`

Aquí tienes un fragmento de un correo en el que Elvira le cuenta a su hermana cómo está viviendo su reciente separación. ¿Cómo encajarías estas expresiones en el texto?

Ser una persona maravillosa
muy introvertida
muy sociable
muy independiente

Ser un hombre maravilloso/a
una mujer especial.

No ser una persona corriente.

Ser un/a egoísta
un/a pelma
un encanto.

Pensar solo en sí mismo.

Tener un corazón muy grande.

Mensaje nuevo   Cc   Cco

De: Elvira

Para: Gemma

Asunto: La historia continúa...

Tú sabes que me ha costado mucho tomar esta decisión. No ha sido fácil ni para mí ni para

Roberto. Al principio yo creía que él _____,que necesitaba tener

su espacio y su independencia. Con el tiempo he llegado a descubrir que en el fondo, simplemente,

_____ y _____ y que los demás para él no cuentan. Solo le importa

su propio bienestar, su propia comodidad. O eso me parece a mí. Lo cierto es que hemos tenido problemas

de comunicación. Él, además, _____, le cuesta explicar sus sentimientos. Total, que ha

sido duro en muchos sentidos. Ya sabes que, con las separaciones, se rompen muchas cosas. Entre otras,

la relación con una serie de gente, con la familia, con amigos comunes... Yo, por ejemplo, ya sabes que

me llevaba muy bien con mi cuñada Elena, que _____. Pero, a fin de cuentas, es su

hermana y es lógico que se ponga de su lado. Mi suegra también _____.

Como _____, creo que sabrá comprendernos y aceptar nuestra decisión, aunque

le duela. ¡Ojalá pueda mantener la relación con ellas! Y luego está mamá: no te puedes imaginar la lata

que me está dando. Ya sabes que _____. Me llama cada día para decirme que me

lo vuelva a pensar, que reflexione, que Roberto _____ y que no voy a encontrar a

otro como él. Sinceramente, se está pasando... Respecto a Federico, mi actual compañero, he de decirte

que _____, tiene un montón de amigos y se lleva bien con todo el mundo. No sé

cómo describírtelo: _____. Espero que pronto pueda presentártelo. Ya verás que

_____. Creo que te caerá muy bien. O eso espero. ¿Vas a poder venir a verme en

verano? Nada más por hoy, cariño. Te echa de menos, tu hermanita.

Enviar   A   🔗   +   🗑 ▾

---

8 **Críticas** `LA 6`

49-54

A. Escucha cómo critican a una serie de personas. ¿Cómo crees que son esas personas? Relaciona cada audio con las valoraciones que se ajusten más.

B. Prepara tú unas descripciones de la conducta de tres personas conocidas que tengan una característica muy marcada. Léelas a los compañeros, que deberán "etiquetar" a esas personas.

☐ Es el típico niño rico.
☐ Es un cabezota.
☐ Es una despistada.
☐ Es un insolidario.
☐ Es un poco sosa.
☐ Es un quejica.
☐ Es el clásico niño mimado.
☐ Es una egoísta.
☐ Es una persona muy complicada.
☐ Es el típico machista.
☐ Es un poco pelma.
☐ Es una persona un poco problemática.
☐ Es una tacaña, una rata...

9 **Una revista del corazón** `LA 5`

A. La revista *Corazón rosa* ha publicado esta noticia. Dos lectores comentan el titular. Marca las opiniones con la que estás de acuerdo.

corazón **rosa**

VERÓNICA IZQUIERDO AGREDE A UN CÁMARA DE TELEVISIÓN

Desde el inicio de su relación con el Conde de Villanueva, los periodistas rodean día y noche la casa de la modelo. La modelo que atacó al cámara y le produjo una lesión en la cabeza, se ha negado a pedir disculpas.

FEDERICO
A mí no me parece normal que una modelo famosa no acepte el precio de la fama. Si es un personaje público, tiene que aceptar a la prensa. Además es una vergüenza que se haya negado a disculparse.

SUSANA
Aunque no me parece bien que la prensa persiga a los famosos constantemente, no encuentro razonable que Verónica reaccionara violentamente.

B. Fíjate en las frases anteriores y completa la regla.

> Opinión / valoración actual sobre un hecho pasado:
>
> presente de indicativo + **que** + ... de subjuntivo

C. Lee estos otros titulares de la revista y escribe tu reacción sobre los distintos temas. Compara luego tus respuestas con la de tus compañeros.

HUYE CON LAS JOYAS DE SU PATRONA

Ramona Luján, una de las secretarias personales de la multimillonaria Luciana Estévez, huye de la casa con joyas por valor de un millón de euros. En una nota dijo estar asqueada del lujo que envolvía a su jefa, quien le pagaba un salario de miseria.

CIBERCELOS

Pide el divorcio al descubrir que su mujer mantenía una relación platónica por internet desde hace años.

Pues a mí (no) me parece
normal
ilógico
normal
estúpido
bien
que...

GIBSON GARCÍA SUSPENDIDO DE SU CARGO POR COMENTARIOS MACHISTAS

El pasado día 4 el conocido presentador bromeó en el telediario sobre el aspecto físico de las actuales ministras.

BARRENDERO FAMOSO

El actor y DJ Marcos di Pareggio, condenado a trabajar como barrendero durante medio año por destrozar en el 2014 un planta completa del hotel Torremolinos.

CONFIANZA TRAICIONADA

Rubén Ordoñez, exabogado de la Marquesa de Romancines, cuenta en sus memorias todos los detalles íntimos de su relación con la condesa. Ambos habían firmado un contrato de confidencialidad hace 15 años.

BODA SIN FINAL FELIZ

Una novia a punto de casarse abandonó a su prometido en el altar al ver que este había invitado a la ceremonia a sus seis exesposas.

10 **Personas imborrables** `LA 7`

55-58

A. Estas personas hablan de su primer gran amor. Escucha lo que dicen y resume en tu cuaderno lo esencial respecto a cada tema.

	Era...	Siempre quería...	No soportaba...	Estuvimos juntos durante...	Fue una época...
Patricia					
Silvia					
Ignacio					
Arturo					

B. ¿Y tú? ¿Recuerdas a tu primer gran amor? ¿Y a tu primer jefe? ¿Y a algún profesor que fue importante para ti? Coméntalo con tu compañero.

11 **La verdad es que...** `LA 8`

Trata de conectar entre sí las distintas frases de cada grupo utilizando las expresiones en negrita de la caja.

> de todos modos
> encima
> desgraciadamente
> hay que reconocer
> la verdad es que
> afortunadamente
> (pero) lógicamente
> (y) sinceramente
> según parece
> yo diría
> por fin
> para colmo
> además

– Es un hombre muy interesante.
– También es un poco pedante.

Es un hombre muy interesante, pero la verdad es que también es un poco pedante.

– Era una persona maravillosa, generosa, inteligente.
– Murió muy joven.

– No se llevaban nada bien.
– Él era una persona muy egoísta.
– Ella se cansó y decidió divorciarse.

– Maribel se quedó viuda muy joven con tres hijos.
– Conoció a Enrique, un hombre estupendo.

– El niño estaba enfermo, teníamos que ir a una boda, estábamos muy cansados de toda la semana.
– Se estropeó el coche.

– Estuvieron unos años viviendo juntos en París; luego, cada uno por su lado.
– Después se casaron.
– Últimamente no les iba bien.
– Se han separado.

– Ya han tenido muchos problemas: lo del trabajo, lo de su padre...
– Ahora el propietario del piso dice que no les renueva el contrato.

– No dice la verdad.
– Mucha gente dice que tiene negocios sucios.
– Algún día se va a descubrir.

– Ya sé que Lázaro a ti te cae bien.
– A mí no me gusta.

12 **La verdad es que fue una época muy buena** `LA 8`

Tres amigos crearon una pequeña agencia de diseño gráfico pero a los pocos años se separaron. Lee cómo se lo cuenta Ainhoa a una amiga. Decide qué expresiones de las siguientes serían más adecuadas en cada espacio. Compara tus soluciones (hay varias posibles) con las de un compañero e interpretad los cambios de significado que comporta usar una u otra expresión.

cómo es que   por desgracia   y encima   para colmo   en esa época   en resumen   a fin de cuentas
sinceramente   en el fondo   yo diría que   por suerte   parece que   además hay que reconocer que
lógicamente   mejor dicho   la verdad es que   afortunadamente

● Uy, ¡qué tiempos aquellos! La empresa duró unos catorce meses, si no lo recuerdo mal. Fue una época muy intensa. Al principio estábamos muy ilusionados, teníamos tantas ideas, tantos proyectos... .... yo aprendí mucho, profesionalmente, y de la vida, también...

○ ¿Y entonces?

● ¿Que .... nos separamos? .... la cosa se fue liando, no sé muy bien por qué... .... hubo momentos tristes... ¿Sabes?, el trabajo en equipo no es fácil. Cada uno tiene su carácter, sus ideas... .... éramos muy jóvenes, muy inexpertos. ...., estábamos en un medio muy difícil, con mucha competencia. En aquella época todo el mundo quería dedicarse al diseño o a la publicidad... .... teníamos muchos sueños y muy poca experiencia. ...., ninguna experiencia.

○ ¿Y cómo acabó todo?

● ...., los tres éramos personas dialogantes y lo arreglamos todo hablando. Nos conocíamos muy bien, nos respetábamos... ...., que dentro de lo que cabe lo llevamos bastante bien. .... en este tipo de situaciones la gente se mata... ...., nosotros lo hicimos de una forma bastante madura. Ahora, cada uno ha seguido su camino; .... seguimos siendo amigos. ...., nunca nada va a ser igual. ...., nuestra relación ha cambiado. Nosotros hemos cambiado... Pero, ..., nos seguimos queriendo mucho que, ..., es lo importante.

13 **Con lo que me gusta el chocolate**

Muchas veces dejamos frases inacabadas porque creemos que el interlocutor sabrá interpretarlas. Fíjate en estas conversaciones. ¿Qué consecuencia da a entender el segundo interlocutor? Continúa las frases.

1. ● Se ha casado con una mujer muy autoritaria, muy caprichosa.
   ○ Pues con lo cabezón que es él, *van a tener problemas.*

2. ● Estos bombones son para Miguelito, de tía Julia.
   ○ ¡Uy!, con lo que le gusta el chocolate...

3. ● Lo han nombrado director de su escuela.
   ○ Pues con lo que le gusta mandar...

4. ● ¿Me puedes ayudar? Tengo un problema con el ordenador.
   ○ ¡Uy!, con lo inútil que soy yo con las máquinas...

5. ● Mañana tiene un examen muy difícil en la facultad.
   ○ Pues con lo poco que ha estudiado...

6. ● Tiene que coordinar un equipo en el que hay bastantes tensiones.
   ○ Pues con lo poco diplomática que es ella...

GENTE CON CORAZÓN

ASÍ PUEDES APRENDER MEJOR

14 **Construir juntos la conversación**

Lee estas dos transcripciones de conversaciones y observa las diferencias. Fíjate especialmente en el papel de las palabras o de las expresiones resaltadas en negrita de la conversación 2.

1.
- ● ¿Qué hacemos esta noche?
- ○ ¿No íbamos a casa de Sara a su fiesta de cumpleaños?
- ■ Se ha puesto enferma...
- ❑ ¿Está enferma? He hablado con ella esta mañana...
- ● Se encuentra fatal. Le ha dado un cólico renal. Está en el hospital.
- ❑ ¡Eso duele!
- ■ Horrible.
- ○ No hay fiesta...
- ● No.
- ● Yo no pensaba ir. Mañana tengo un examen.
- ❑ Yo le había comprado un regalo muy original...
- ○ Luis lleva dos días haciendo pasteles...
- ❑ ¿Qué hacemos?
- ● ¿Vamos a cenar por ahí...?
- ■ Estoy a dieta.
- ○ Tomas algo ligerito.
- ● Quedamos a las nueve y nos vamos a cenar. Yo reservo.

2.
- ● ¿Qué hacemos esta noche?
- ○ **Ah... ¿pero** no íbamos a casa de Sara a su fiesta de cumpleaños?
- ■ **Ya, pero es que** se ha puesto enferma...
- ❑ **¿Cómo que** está enferma? Yo he hablado con ella esta mañana...
- ● **Pues** se encuentra fatal. Le ha dado un cólico renal. Está en el hospital.
- ❑ **¡Con lo que** duele eso!
- ■ **Pues sí**, horrible.
- ○ **Total, que** no hay fiesta...
- ● **Pues no**.
- ● Yo, **de todos modos**, no pensaba ir. Mañana tengo un examen.
- ❑ **Pues** yo le había comprado un regalo muy original...
- ○ **Y** Luis lleva dos días haciendo pasteles...
- ❑ **¿Y entonces?** ¿Qué hacemos?
- ● **¿Y si** vamos a cenar por ahí...?
- ■ **Lo que pasa es que** yo estoy a dieta, **¿eh?**
- ○ Pues entonces tomas algo ligerito, **¿no?**
- ❑ **Claro**...
- ● **Pues eso**: quedamos a las nueve y nos vamos a cenar. Yo reservo.
- ○ **Estupendo**.

La conversación es la forma más típica y frec~ de la lengua oral. Como toda forma de lengua es ante todo interacción, o sea "una acción en~ individuos". Y en esa acción, hay cooperación entre los hablantes que se manifiesta de much~ formas: de manera inconsciente nos ponemos ~ acuerdo para ceder turnos de palabra, manten~ o interrumpir la comunicación, asegurarnos de~ que nos entendemos, etc. Parte de la informaci~ la transmitimos verbalmente y otra parte, con nuestros gestos, con la distancia de nuestros cuerpos, etc. Pero, en cualquier caso, en las conversaciones hay muchas palabras cuya final~ entre otras, es relacionar o cohesionar nuestras palabras con las del interlocutor. Estas palabras son sólo un adorno, sino las señales necesarias d~ que los interlocutores están construyendo junto~ algo: el significado de su conversación.

DIARIO DE APRENDIZAJE

Impresiones sobre el progreso en mi competencia de español:

1. ¿En qué aspectos he mejorado?

2. ¿Cómo he conseguido hacerlo?

7
gente utópica

1 **Primeras palabras**

A. Aquí tienes algunas palabras y expresiones útiles para esta unidad. ¿Las conoces? ¿Puedes relacionarlas con las imágenes?

especulación inmobiliaria ....   medio ambiente ....   protestar ....

asociación ....   luchar por la tolerancia ......   estar indignado ....

consumismo ....   elecciones ....   participación ciudadana ....

B. ¿Conoces otras palabras en español que puedan ser útiles para esta unidad? Escríbelas en tu cuaderno.

2 **El muro de los buenos deseos** `LA 1`

A. En diciembre del 2014 la Fundación del Centro Histórico de la Ciudad de México creó un espacio para que todo el mundo pudiera escribir sus deseos. ¿Y tú? ¿Qué deseos escribirías en las cintas para conseguir un mundo mejor?

Deseo un Gobierno honesto que luchen por los intereses del PUEBLO... URGE

Deseo... ....

....

....

Quiero... ....

....

....

Espero... ....

....

....

 B. Compara tu lista con la de tus compañeros. ¿Tenéis deseos parecidos?

3 **¿Te molesta?** `LA 4`

A. ¿Te molestan estas cosas? ¿Cuánto? Márcalo (✓) al lado de cada una de las frases, utilizando el código: **muchísimo, mucho, un poco, nada**.

	muchísimo	mucho	un poco	nada
la gente que habla y come en el cine				
las preguntas de los desconocidos sobre mi vida personal				
la suciedad en las calles				
el uso del móvil en cualquier lugar y momento				
las mentiras				
la impuntualidad				
el abuso de la violencia en la tele				
el ruido del despertador por las mañanas				
la gente que grita cuando habla				
las bromas pesadas				
el perfume intenso de algunas personas				
...				

 B. Elige cinco de estos temas y escribe una frase sobre tu actitud ante ellos. Amplía tu opinión como en el modelo. Coméntalo con tus compañeros.

● Yo no soporto que la gente hable por el móvil en cualquier lugar, por ejemplo, en un museo...

○ Pues a mí no me molesta en absoluto.

4 **No lo soporto** LA 4

59

Escucha a estas personas que muestran su malestar ante diferentes situaciones. ¿Con qué intensidad de queja, enfado o rechazo crees que han sido dichas estas frases? Márcalo al lado de cada frase (5 = mayor intensidad, 1 = menor intensidad). ¿En qué has basado esta puntuación?

- 5 Vamos, que vuestra propuesta es bastante impresentable.
- ☐ No soporto que me mientan.
- ☐ No se puede aguantar, hombre. Esto no puede seguir así.
- ☐ Lo que más me fastidia de todo esto es que al final acabe pensando que tiene él la razón.
- ☐ Su forma de trabajar me parece totalmente incomprensible.
- ☐ Me molesta que no diga las cosas claramente.
- ☐ Verdaderamente, no me gusta vuestro comportamiento.
- ☐ Es incomprensible que nadie haga nada por solucionar este asunto.

5 **Deseos** LA 5

A. ¿Cuál de las tres personas de las fotografías podría expresar estos deseos? ¿Por qué?

Eduardo

Pol

Manuel

A Me gustaría que hubiera más instalaciones deportivas en mi barrio.

B Lo que realmente me gustaría es que me tocara la lotería.

C Sería maravilloso conocer personalmente a Alejandro Sanz y que me firmara un autógrafo.

D Me encantaría viajar por todo el mundo.

E Me gustaría no tener tantas dificultades para encontrar un primer trabajo.

F Me gustaría que mi familia fuera más comprensiva conmigo.

G Me gustaría conocer a mi pareja ideal.

H Lo ideal sería tener siempre buena salud.

I Lo que me gustaría es mantener una buena relación con toda la familia.

J Lo que me encantaría es tener más independencia.

K Lo que estaría muy bien es que me dejaran salir con mis amigos siempre que quiero.

L Me encantaría escribir un libro.

 B. Escribe seis deseos que tengas (tres ciertos y tres falsos). Léeselos a un compañero, que tendrá que adivinar cuáles son los deseos falsos.

6 **Consignas políticas** `LA 6`

A. Cuatro personas expresan sus ideas en el foro "Reconstruir la sociedad". ¿Qué grupo político crees que cumpliría mejor sus expectativas? ¿Por qué?

Partido Idealista
Por la igualdad y la justicia

GRUPO DE DEFENSA DEL MERCADO MUNDIAL
Por un mercado muy libre

GRUPO APOLÍTICO POSMODERNO
POR UN MUNDO ENROLLADO

Reconstruir la sociedad

PABLO
La vida sería mucho más agradable si hubiera más ayudas para el arte y para la cultura. Pero no para la cultura institucional. Yo me refiero a un arte popular, que cualquiera tuviera locales abiertos día y noche, donde ir a bailar, a tocar un instrumento y a pintar; para expresarse, sin pretensiones de ser un Picasso, ni nada de eso. La gente viviría menos angustiada. Si hubiera más amor, más música y más alegría y menos estrés, las cosas irían mejor.
`Valorar` `Responder`

CELIA
Lo que habría que hacer es prohibir totalmente la venta de armas, seguro que entonces no habría guerras. La pobreza de muchos países viene provocada por las constantes guerras que allí se mantienen. Sin armas, el mundo sería un lugar mucho más habitable.
`Valorar` `Responder`

PEPE
Lo que verdaderamente me gustaría es que se acabara con la investigación con animales vivos. Y también con los transgénicos y con la clonación. Los consumidores tenemos mucho poder. Propongo un boicot total a marcas de cosmética como RENOVA que investigan de esta manera.
`Valorar` `Responder`

ANA
Si la economía va bien, el mundo va bien. Los gobiernos deberían dar facilidades a los jóvenes empresarios para que pudiéramos invertir en cualquier lugar del mundo. Deberían dejar de dar ayudas a los agricultores, ellos tienen que competir en el mercado en las mismas condiciones que las empresas.
`Valorar` `Responder`

 B. Escribe dos intervenciones más para incluirlas en este foro. Léeselas a tus compañeros, que decidirán sobre el grupo político más idóneo para esas personas.

7 **Agenda 21** `LA 7`

 A. Lee el texto sobre el documento de la AGENDA 21. ¿Se han tomado medidas de este tipo en la ciudad en la que vives?

En 1992 se celebró en Río de Janeiro la Conferencia de Naciones Unidas sobre Medio Ambiente y Desarrollo. Allí se redactó el documento llamado Agenda 21, que supuso una declaración de derechos del planeta. El encuentro tuvo una gran repercusión y desde entonces el concepto de sostenibilidad, o desarrollo sostenible, ha ganado gran popularidad y empuje, y se ha incluido como tema de debate en todos los foros, programas políticos, etc. El desarrollo sostenible se define como el modelo de desarrollo que satisface las necesidades presentes sin amenazar la capacidad de las generaciones futuras de satisfacer las suyas.

Las acciones propuestas en A21 pretenden:
• Corregir las desigualdades existentes en el planeta.
• Mejorar la habitabilidad de la Tierra a largo plazo.
• Utilizar los recursos de forma racional.

LA AGENDA 21 LOCAL
El ámbito de la aplicación de la Agenda 21 es local. En este momento, más de 3000 ciudes en el mundo están impulsando acciones con fines de sostenibilidad.
En los últimos años la A21L se ha incorporado masivamente a las agendas políticas de los municipios españoles. Además, este proyecto incorpora un principio y un método de trabajo que supone la participación activa de los ciudadanos.

Algunas de las acciones realizadas en los municipios españoles adscritos a la A21L:
• Conservación y mejora de los entornos forestales.
• Educación ambiental en las escuelas.
• Recogida selectiva de basuras.
• Saneamiento de aguas residuales. Reutilización para regar parques y jardines.
• Ahorro y promoción de energías alternativas.
• Participación de los ciudadanos en las decisiones del ayuntamiento (información y control).
• Creación de carriles bici.
• Transformación de las rondas en cinturones verdes.
• Aumento de las zonas verdes en la ciudad.
• Medidas para contrarrestar los cambios en el nivel del mar.
• Elaboración de un mapa de ruidos y de actuación en zonas muy afectadas.

 B. Ahora, escucha a Jorge, que habla sobre los cambios que se han producido en su vida cotidiana desde que en su ciudad se adoptó la AGENDA 21. ¿Qué valora como principales cambios? Escribe sus sugerencias para mejorar la vida en Barcelona.

GENTE UTÓPICA

8 **Hacia una sociedad mejor**

Relaciona las dos columnas de palabras. Después, elige las cuatro propuestas que te parezcan más urgentes para mejorar nuestra sociedad actual, y escribe un pequeño texto para incluirlas en un programa electoral.

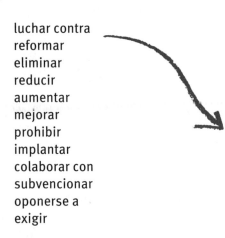

luchar contra	las pruebas nucleares
reformar	las escuelas y los programas sociales
eliminar	las asociaciones y las ONG
reducir	un nuevo impuesto social
aumentar	el sistema educativo
mejorar	las infraestructuras
prohibir	la corrupción
implantar	las barreras arquitectónicas
colaborar con	el número de autobuses nocturnos
subvencionar	el consumo de agua
oponerse a	una justicia eficaz
exigir	el consumo de alcohol

Lucharemos contra la corrupción en todos los sectores de la sociedad...

9 **Acciones políticas y sociales** LA 6

A. Relaciona las frases de la columna de la izquierda con su continuación.

1. Algunos países **han prohibido**
2. Varias agrupaciones de agricultores **se han negado a**
3. Las asociaciones de padres de alumnos **exigen**
4. El gobierno **propone**
5. Una asociación de consumidores **recomienda**
6. Algunos bancos **permiten**
7. Un grupo de vecinos del barrio del Arraval **ha logrado**

a. que el gobierno amplíe las condiciones para la obtención de becas de estudio.
b. que sus empleados actúen de manera poco ética en el trato con la personas ancianas.
c. ampliar las concesiones de becas solo en casos extraordinarios.
d. plantar y distribuir productos modificados genéticamente.
e. que los bancos revisen su comportamiento con las personas ancianas.
f. parar el desalojo de una familia sin recursos.
g. que los agricultores planten y distribuyan alimentos transgénicos.

B. Completa las siguientes frases con infinitivo o **que** + subjuntivo.

1. Un grupo ecologista no consigue .... (**la matanza de ballenas, acabar con**) en el Atlántico norte.

2. La agrupación de bibliotecas municipales facilita .... (**los jóvenes, acceder**) a la lectura.

3. Un nuevo partido político propone .... (**todos los espectáculos culturales, subvencionar**).

4. La asociación de jubilados promueve .... (**las personas mayores sin recursos, viajar**) una vez al año por lo menos.

5. Un grupo de manifestantes impide .... (**la policía, desalojar**) a los estudiantes en huelga encerrados en la universidad.

6. El nuevo reglamento urbanístico prohibe .... (**constructoras, edificar**) al lado de zonas naturales protegidas.

10 **Solucionar conflictos** `LA 4`

61-63

A. Escucha estos tres diálogos de personas que discuten e intentan llegar a una solución para arreglar una situación de conflicto. ¿Cuál es el motivo de conflicto en cada caso? ¿Crees que tienen intención de solucionarlo?

> **En serio**, decídete de una vez... Que no quieres estudiar... pues te buscas un trabajo...

> ... no es la primera vez que haces esto, **en serio**, empiezo a hartarme.

> ... te vas a quedar sin plaza, **ya lo verás**, tanto esperar y al final...

> ... me saco el título, **ya lo verás**.

> ... es la última vez, de verdad, **en serio**.

> ... mañana mismo me acerco al instituto, **de verdad**.

B. ¿Qué función crees que tienen las expresiones resaltadas en estas conversaciones?

11 **Reprochar** `LA 4`

A. Según un sondeo realizado en el programa de radio NO TODO ES AMOR, los principales reproches entre las parejas son los siguientes. ¿Añadirías alguno más?

> **Lo que más me fastidia es...**
> ... que siempre me esté criticando.
> ... que se pase el día hablando por teléfono.
> ... que siempre me eche la culpa de todo.
> ... tener que ser siempre yo quien tome las decisiones más difíciles.
> ... que no me escuche.
> ... que siempre acabemos haciendo lo que él / ella quiere.
> ... que no sea nada amable con mis amigos, ni con mi familia.
> ... tener que encargarme yo de organizar todo nuestro tiempo libre.

B. ¿A qué reproche del cuadro podría corresponder cada una de estas declaraciones?

C. Escribe las declaraciones de buenas intenciones que se podrían hacer respecto al resto de los reproches.

12 Proyectos para la ciudad `LA 6`

El ayuntamiento de una ciudad ha propuesto una serie de proyectos para el próximo año. ¿Qué finalidad crees que tiene cada uno de ellos? Usa **para + infinitivo** o **para que + subjuntivo** según convenga.

- Construir un edificio emblemático (gran museo). *Para promocionar la imagen de la ciudad. para que aumente el turismo.*

PROYECTOS

- Ampliar el aeropuerto.
- Construir una nueva línea de metro.
- Instalar un pavimento poroso que absorba el sonido de los coches.
- Construir un nuevo recinto ferial.
- Instalar paneles de energía solar en todos los edificios oficiales.

- Construir residencias para ancianos en cada bar
- Rehabilitar los edificios del casco antiguo.
- Construir vías de acceso a la ciudad.
- Trasladar la zona industrial desde la costa hacia interior.
- Regar los parques con aguas residuales tratadas

13 ¿Economía, política, bienestar social? `LA 3`

A. ¿Qué palabras puedes relacionar con cada uno de estos temas?

oposición nivel de vida deuda exportar / importar multinacional / transnacional parlamentario/a

universal baja por maternidad / paternidad partido conservador / progresista seguridad social

pobreza / riqueza ministro/a de izquierdas / de derechas inflación subsidio de desempleo

becas monarquía / república jubilación

ECONOMÍA   POLÍTICA   BIENESTAR SOCIAL

 B. Escribe un breve texto sobre las condiciones económicas y políticas de tu país. Léelo a los compañeros que podrán hacerte algunas preguntas sobre el tema.

El buzón de los ciudadanos `LA 6`

A. Un ciudadano preocupado ha publicado una carta a la alcaldesa en la seccion "El buzón de los ciudadanos" de un periódico local. Resume en dos frases de qué se queja y cuál es su propuesta.

MÁS FACILIDADES PARA LA PRÁCTICA DEL DEPORTE EN EQUIPO

Señor Alcalde:

Todos coinciden en que el deporte es una actividad beneficiosa para personas de todas las edades, pero especialmente para la gente joven, por muchas razones. Favorece una buena salud, propicia la actividad en equipo y, **además**, llena muchas horas de ocio. En la ciudad tenemos bastantes instalaciones deportivas, sin embargo, estas no son suficientes. Además, algunas de ellas, aun siendo municipales, son de pago y eso supone un obstáculo para muchos equipos sin recursos, que no tienen dónde entrenar. Este asunto se agrava los fines de semana. Por otro lado, todos los Institutos de Enseñanza Secundaria, que tienen muy buenos polideportivos, están cerrados todo el fin de semana, de viernes por la tarde a lunes por la mañana. ¿No es esto absurdo? ¿No sería muy fácil mantener las instalaciones deportivas que ya existen abiertas 24 horas durante los fines de semana? Juan Antonio Jugador, aficionado al balonmano. Barrio del Arrabal

---

 B. ¿Existe este mismo problema o uno parecido en la localidad donde resides? Comenta con tu compañero cuáles son los problemas de vuestras ciudades y pensad qué acciones os gustaría proponer a los ayuntamientos para mejorarlas.

 C. Escribe un pequeño texto para "el buzón de los ciudadanos" de tu ciudad con tu comentario y tus propuestas. Utiliza los conectores de argumentación adecuados.

 Titulares de noticias y comentarios `LA 2`

A. Lee estos titulares de la prensa española. Después, en parejas, reaccionad ante ellos usando las estructuras del cuadro.

> **Suben las temperaturas 3°C con respecto al verano anterior**

> **Grave sequía en el sur de España**

> **Desarticulada una red de piratas informáticos que actuaba desde hace tiempo desde Soria**

> **Tres nuevos casos de enfermos afectados por la bacteria legionela**

> **El desempleo ha subido en abril en un 3%**

> **La mayoría de los bancos españoles tienen sus fondos en paraísos fiscales en el extranjero**

Lo	del... está cada vez peor
	de la... es preocupante.
Para eso	del... no hay solución.
	de la... no es fácil encontrar respuestas.
Eso	del... es un problema en muchos países.
	de la... es algo que hay que solucionar

● Lo del pirateo es inevitable; además, con los precios que tienen los materiales informáticos, no me sorprende que la gente haga copias pirata...
○ Ya, pero yo eso no lo veo bien...

B. ¿Cuáles serían, en este momento, los titulares de la prensa local en tu país? Escribe varios sobre temas que afectan a tu país o a tu ciudad. ¿Qué comentarios harías sobre su repercusión en la opinión pública local?

GENTE UTÓPICA

ASÍ PUEDES APRENDER MEJOR

Conversación coloquial

61

A. Escucha a estos dos amigos conversando y anota de qué tema están hablando.
¿Ha sido fácil o difícil comprender de qué hablan? ¿Por qué? Coméntalo con tus compañeros.

B. Quizás, en alguna ocasión, te has sorprendido al observar a hablantes hispanos envueltos en una conversación coloquial. Son frecuentes las interrupciones entre ellos. En muchos casos se producen intervenciones simultáneas, "parece que hablan todos a la vez". Es muy corriente, en la conversación espontánea, que un hablante haga intervenciones cortas, en medio de la intervención del otro, que pueden ser desde simples palabras a opiniones y comentarios sobre el asunto que se está tratando. Escucha de nuevo el audio y localiza esas intervenciones. Márcalas en la transcripción.

¿Erais...?, perdona, ¿erais muy amigos?

(...) y me encontré con un amigo que hacía tiempo que no veía y... me llevé un poco de disgusto porque resulta que lo fui a saludar y tal y digo: ¡Hombre!, tal tal y digo... Y es verdad que hacía mucho tiempo que yo no le llamaba, pero... Bastante, sí, muy buenos colegas, muy buen compañero, una persona muy divertida muy agradable, y me dijo que él no me había llamado porque alguien, no sé quien, le había dicho que yo no quería hablar con él. Entonces le dije, pues... paso, paso de enterarme quién ha sido. ¿No? Porque para qué... Para qué vas a entrar en quién fue... qué dijo... Dije... que no, que no. Y él se ve que se había llevado un disgusto bastante grande... Y menos mal que me lo encontré en la calle que si no, no vuelvo a saber nada más de él. Fíjate la gente...

C. ¿Y en tu lengua? Comenta con tus compañeros si la conversación coloquial en tu lengua se parece a la española.

La interrupción o solapamiento de turnos es [...] rasgo de la conversación coloquial en españo[l] (aunque en diferente grado según el país de h[...] hispana) y en general no se interpreta como u[na] descortesía ni como una actitud agresiva. Al contrario, en la mayoría de casos, la persona qu[e] interviene mientras el interlocutor está hablan[do] más que pretender arrebatarle el turno de habla[r] lo que intenta es ayudar, respaldar, apoyar lo dic[ho] por el otro. Son, pues, muestras de confirmación de contacto y de interés por la conversación: "ya" "claro", "normal", "¡qué fuerte!", etc.

DIARIO DE APRENDIZAJE

Impresiones sobre el progreso en mi competencia de español:

1. ¿En qué aspectos he mejorado?

....
....
....
....
....
....
....
....
....
....
....
....
....
....
....
....
....
....
....
....
....

2. ¿Cómo he conseguido hacerlo?

....
....
....
....
....
....
....
....
....
....
....
....
....
....
....
....
....
....
....
....
....

8

gente y productos

Errores que hay que evitar
- Ir mal preparado
- Dar la espalda al público
- No mirar al público
- Dar exceso de información
- Usar un tono monótono
- Llevar ropa incómoda o inadecuada

① **Primeras palabras**

A. Aquí tienes algunas palabras y expresiones útiles para esta unidad. ¿Las conoces? ¿Puedes relacionarlas con las imágenes?

hablar en público ...... dar una conferencia ...... captar la atención ......

exportación ...... comercialización ...... producción ......

productos químicos ...... producto biológico ...... beneficios para la sa

B. ¿Conoces otras palabras en español que puedan ser útiles para esta unidad? Escríbelas en tu cuaderno.

2 **Naturalmente** `LA 2`

¿Dónde podríamos colocar los adverbios de la lista? Trata de no repetir ninguno.

`fundamentalmente` `esencialmente` `prácticamente` `efectivamente` `naturalmente` `exclusivamente`
`especialmente` `principalmente` `particularmente` `íntegramente` `realmente` `básicamente`
`únicamente` `concretamente` `evidentemente`

1. Los vinos que se producen en España se hacen

   .... con la variedad de uva

   tempranillo pero no .... En algunas

   zonas también se cultiva garnacha, cabernet

   sauvignon y también, ...,

   otros cepajes típicamente españoles: macabeo,

   albariño, xarel·lo, parellada, etc.

2. Este pan está elaborado ....

   con harina biológica y es ....

   recomendable para aquellas personas que hayan

   manifestado alguna alergia a las harinas normales.

3. Le dijeron que tenía una enfermedad grave y que

   precisaría de una larga temporada de recuperación.

   Y .... tuvo que estar varios meses

   ingresado, ... por los problemas

   respiratorios derivados de la enfermedad.

4. En España cada día está más aceptado socialmente el

   divorcio, ... en las zonas urbanas.

5. La automedicación es muy peligrosa,

   .... si el paciente toma ya otros

   medicamentos.

6. CHULISYGUAYS es una empresa de importación

   de ropa juvenil. Se dedican ....

   a importar confección de Asia pero no

   .... También distribuyen algunas

   marcas de Latinoamérica, ...

   moda brasileña.

7. A mí me parece .... sorprendente

   que este programa de Tele 9 haya tenido tanto

   éxito. Pero .... gusta a la

   gente. ¡Lo han visto más de ocho millones de

   espectadores!

8. La cocina vietnamita es ....

   desconocida en España. En realidad la mayoría de

   los restaurantes orientales son chinos y japoneses.

3 **Un producto muy antiguo** `LA 2`

🎧 65-71

Oirás a una persona que habla del aceite de oliva,
un tema sobre el que ya sabes muchas cosas. Pero
la grabación está muy estropeada y no se oye el
final de algunas frases. ¿Cómo podrían terminar?
Continúalas tú.

2. La relación entre el nivel de colesterol y el
   desarrollo de la enfermedad coronaria fue
   establecida experimentalmente en el año 1913.
   A pesar de ello...

3. Actualmente no hay dudas acerca de la relación
   entre los niveles de colesterol y la probabilidad
   estadística de padecer infarto coronario.
   Tanto es así que...

1. Ya fue utilizado por los griegos
como alimento, como medicina,
como cosmético y para encender
las lámparas. **Por consiguiente,**
podemos afirmar que *el aceite de oliva
es un producto muy antiguo.*

4. Todas las medidas encaminadas a la prevención de las enfermedades coronarias se basan **tanto** en el descenso del nivel del colesterol, por medios dietéticos, **como...**

5. La existencia de una relación entre las dietas y el desarrollo de las enfermedades cardiovasculares está demostrada. **Es decir, ...**

6. El consumo de aceite de oliva es bastante bajo, a nivel mundial, **debido a...**

7. En muchos países existe la moda generalizada de la dieta y la cocina mediterráneas. **Sin embargo...**

 Maneras de decir LA 3

4

A. ¿Cuál de las dos maneras de decir esto te parece más culta o más formal? Márcalo (✓)

1.
  a. En España se producen quesos de gran calidad. Aun así, su exportación es todavía escasa. ☐
  b. En España se hacen quesos muy buenos pero se exportan todavía poco. ☐

2.
  a. El turrón es un postre navideño muy típico. Se hace sobre todo con almendras y con azúcar. ☐
  b. El turrón es, sin duda, el más típico de los postres navideños en España. Se elabora esencialmente con almendras y con azúcar. ☐

3.
  a. En las granjas de Castilla y León hay muchas terneras de la raza abulense. La carne de este tipo de ternera es muy sabrosa. ☐
  b. En las explotaciones agrícolas de Castilla y León abunda la raza abulense. La carne de dicha variedad es particularmente sabrosa. ☐

4.
  a. Nuestros productos presentan diferencias fundamentales con respecto a los de la competencia, particularmente en lo que se refiere a los precios. ☐
  b. Nuestros productos son muy diferentes de los de la competencia, sobre todo, en los precios. ☐

5.
  a. Los sistemas de recoger la fruta se están modernizando mucho. ☐
  b. Los sistemas de recolección de fruta se encuentran en fase de plena modernización. ☐

6.
  a. Las exportaciones de yerba mate tienen hoy amplias perspectivas de crecimiento debido al progresivo uso del producto como componente de gaseosas y energizantes. ☐
  b. Va a aumentar la exportación de yerba mate porque cada vez se usa más en en refrescos y bebidas energéticas. ☐

B. ¿Qué tipo de diferencias has observado? ¿De vocabulario? ¿De gramática? Subraya los elementos.

5 **Expresarse con precisión** `LA 3`

A. Usa estos verbos para sustituir los verbos **ser**, **estar** y **haber** de las frases. Haz las transformaciones necesarias.

`existir` `encontrarse` `abundar` `poder` `distinguirse` `constituir` `representar` `consistir en`

1. En el norte de España **hay** muchos bosques de hoja caduca.

   En el norte de España abundan los bosques de hoja caduca.

2. En esta región **hay** diferentes tipos de vinos: los blancos dulces, los rosados y los tintos.

3. El turismo **es** una de las fuentes de riqueza más importantes de Andalucía.

4. Las campañas publicitarias que hace ADVERTIS **están** entre las mejores y las más originales.

5. Los accidentes de tráfico **son** una de las causas más importantes de mortalidad juvenil.

6. En la actualidad **hay** muchos virus que se han hecho resistentes a los antibióticos.

7. La risoterapia es una psicoterapia: **es** utilizar la risa como método para liberar tensiones.

8. 1200 alumnos han solicitado una beca. **Son** el 34% del número total.

9. En muchos países, las mujeres **son** ya, hoy en día, la mayoría de la clase médica.

10. **Hay** muchos tratamientos eficaces para combatir el cáncer, pero es evidente que la prevención es el elemento más importante para reducir el número de afectados por la enfermedad.

B. Trata tú, ahora, de escribir varias frases sobre cosas o sobre productos existentes en tu país utilizando los verbos anteriores. Explica qué son, donde están, etc.

6 **Por la causa** `LA 4`

Expresa la causa utilizando **por** y el sustantivo correspondiente. Haz las transformaciones que creas necesarias.

1. Dejó de estudiar porque estaba enfermo.

   Dejó de estudiar por su enfermedad.

   ....

2. Este es un material muy adecuado para la construcción de automóviles porque es muy resistente a los golpes.

   ....

   ....

3. Los sindicatos han convocado una huelga porque las compañías aéreas han anunciado que van a reducir de forma drástica la plantilla de trabajadores.

   ....

   ....

4. Nuestra empresa perdió su privilegiada posición porque otras empresas mayores entraron en el mercado.

   ....

   ....

5. En esta zona se consume mucha agua porque ha aumentado el cultivo de maíz y porque no existe una política de aprovechamiento de las aguas pluviales.

   ....

   ....

6. La Facultad de Medicina va a hacer unas pruebas muy duras de selección de los alumnos porque ha aumentado mucho el número de solicitudes de inscripción.

   ....

   ....

7. En España han desaparecido muchas aves porque se han utilizado indiscriminadamente muchos pesticidas que han acabado con muchas especies de insectos.

   ....

7 **Derivación de sustantivos** `LA 3`

A. Ya sabes que de muchos verbos podemos derivar sustantivos. Trata de encontrar los correspondientes a los de la primera columna. Fíjate en que algunos de esos sustantivos son femeninos y otros, masculinos. ¿Cuáles? ¿Puedes formular alguna regla?

Verbo	Sustantivo	Masculino	Femenino
obtener			✓
elaborar			
consumir			
reducir			
fabricar			
producir			
tranportar			
presentar			
envasar			
etiquetar			
usar			
utilizar			
preparar			
satisfacer			
almacenar			
probar			
obtención			

- Los terminados en ....

  son siempre ....

- Los terminados en ....

  son siempre ....

B. ROLANDO es una conocida marca de salsa y de zumo de tomate. Reescribe en tu cuaderno el texto promocional utilizando sustantivos como los de la tabla.

La elaboración de nuestros productos se realiza...

DE LA HUERTA VALENCIANA A TU MESA

– Nuestros productos **se elaboran** con los mejores tomates.
– Los tomates **se cultivan** en las mejores tierras de Levante, en un clima privilegiado, lo que garantiza su excelente sabor.
– De estos tomates **se obtiene** el zumo a partir de técnicas modernas pero naturales. Por eso nuestros productos son tan sanos.
– En nuestra empresa **se modernizan** incesantemente las técnicas de producción. Y así conseguimos ahorrar energía y ser una empresa ecológica.
– En nuestro país cada día **se consumen** más los productos naturales y de calidad.
– Nuestros productos **se utilizan** para cocinar cualquier tipo de plato con tomate: cocina italiana, española, mexicana; pizzas, arroces, pastas, salsas…
– Garantizamos que no **se incorporan** conservantes ni colorantes y que **se respeta** el medio ambiente para el cultivo de nuestras materias primas. Se excluyen pesticidas y abonos nocivos para el medio ambiente.
– **Se fabrican** y **se envasan** con los métodos más modernos y más respetuosos con el medio ambiente.

8 Algo que me gusta mucho `LA 4`

Piensa en diferentes cosas o personas y las razones por las que te provocan esos sentimientos. Expresa tus razones con por, como en el modelo.

Un actor / Una actriz que me gusta mucho: Clara Lago.

Por su físico, por su voz, por su manera de actuar, por su trayectoria como actriz, por su manera de sonreír

Un establecimiento al que me encanta ir (un bar, un restaurante, una discoteca...):

Un producto que consumo a menudo:

Una prenda de ropa que me hace sentir bien:

Un objeto del que no puedo prescindir:

Una persona famosa que me cae fatal:

9 Unir frases `LA 4`

A. Une en una sola frase las ideas de cada grupo usando las partículas: **pero**, **a pesar de**, **aunque** y **aun así**. Haz las transformaciones necesarias.

1
- No existe un gran mercado de trabajo para los biólogos.
- Un número importante de estudiantes solicita la entrada en la Facultad de Biología.

A pesar de la no existencia de un gran mercado de trabajo para los biólogos, un número importante de estudiantes solicita la entrada en la Facultad de Biología.

2
- Voy a ver a Pamela en mi oficina.
- No voy a tener mucho tiempo para hablar con ella. Tenemos una reunión toda la tarde.

3
- Señores, es cierto que cada día serán más importantes los soportes electrónicos para la transmisión de información.
- En mi opinión, durante bastante tiempo, seguiremos utilizando, de forma importante, los libros en papel.

4
- La oposición sabe que no tiene ninguna posibilidad de ganar la votación.
- Ha presentado una moción de censura.

5
- Chica, sigo sin entender por qué se ha enfadado tu hermana.
- No tengo ganas de hablar con ella del tema.

6
- Oye, ponte un abrigo.
- Ahora hace calor.
- Por la noche refresca mucho.

7
- Hay crisis en el sector turístico.
- Siguen construyéndose hoteles en las zonas costeras.

B. Analiza en cada caso qué partícula te ha parecido más adecuada y por qué. Para ello, reflexiona sobre el registro de cada frase e imagina un contexto en el que podría haber sido utilizada.

● El primero podría ser un fragmento de un artículo de periódico.

GENTE Y PRODUCTOS

 Consecuencias `LA 5`

A. ¿Cuáles son, a tu entender, algunas de las causas o de las consecuencias de estos hechos?

1. Parece demostrado que el ácido acetil salicílico puede resultar útil en la prevención del infarto.

   Muchos enfermos de corazón toman una aspirina cada día...

2. El índice de crecimiento demográfico de España es uno de los más bajos del mundo.

   ....

3. Muchos científicos sostienen que es incuestionable la relación entre el deterioro medioambiental y el cambio climático.

   ....

4. Muchos niños de los países occidentales tienen índices elevados de colesterol.

   ....

5. La televisión y los videojuegos proporcionan a los niños gran cantidad de imágenes violentas.

   ....

> **TRATA DE UTILIZAR**
>
> (y) la razón por la que esto ocurre es
> es por esta razón (por la) que
> es por ello (por lo) que
> por consiguiente
> por tanto
> por esta causa
> debido a ello
> tanto es así que

B. Ahora, relaciona las parejas de frases usando las siguientes partículas.

● *Parece demostrado que el ácido acetil salicílico puede resultar útil en la prevención del infarto.*
  Debido a ello, muchos enfermos de corazón toman una aspirina cada día.

 Los plásticos `LA 5`

Imagina que tienes que dar en una empresa una pequeña charla sobre los plásticos, a partir de las informaciones que aparecen a continuación. Selecciona aquellas que te parezcan más relevantes y prepara un pequeño texto conectándolas y organizándolas de modo que quede bien estructurado y cohesionado. Deberás añadir conectores que unan frases, organizadores discursivos que te permitan pasar de un tema a otro, etc.

¿QUÉ SON LOS PLÁSTICOS?

▸ Son materiales sintéticos.

▸ Al ser calentados, se ablandan sin perder cohesión.

▸ Se les puede dar diversas formas y obtener otras nuevas al ser enfriados.

▸ Están compuestos por moléculas gigantes.

▸ Estas moléculas se llaman polímeros (compuestos químicos formados por polimerización).

▸ Las moléculas de los plásticos están formadas por larguísimas cadenas de carbono enlazadas entre sí.

▸ La teoría de los polímeros fue establecida en un artículo que publicó en 1922 el alemán Hermann Staudinger.

▸ En este artículo se mostraban las largas cadenas de una unidad básica molecular –el isopreno–, que forma el caucho.

EL INVENTOR

▸ Alexander Parkes (1813-1890) fue el químico inglés que descubrió que al disolver celulosa parcialmente nitrada en alcohol y éter, en el que se había vertido alcanfor, se originaba un compuesto sólido y duro.

▸ Era sumamente maleable por la acción del calor.

▸ Presentó el material, el parkesine, en la Feria Internacional de 1862.

▸ Obtuvo una medalla.

▸ Su descubrimiento pasó, en principio, inadvertido.

▸ No se le ocurrió ninguna aplicación práctica.

PROBLEMAS

► La producción y el consumo de plásticos aumenta día a día.

► Este año se han producido en nuestro país 3,2 millones de toneladas de este material (un 10% más que en el año anterior).

► Uno de los graves problemas que plantea el uso de plásticos son los residuos, de difícil y costoso reciclado.

► No hay suficiente población concienciada de la necesidad de reciclar el plástico y de reducir su consumo.

APLICACIONES

► Las aplicaciones de los plásticos son múltiples y variadas.

► Se fueron ampliando a medida que se desarrolló la industria química.

► Se llegó a la conclusión de que se podían obtener numerosos productos químicos órganicos del petróleo.

► Los plásticos son productos relativamente nuevos.

► Son indispensables en diferentes ámbitos.

► Desde el hogar hasta las industrias más diversas: electrónica, textil e incluso en medicina.

► Sus propiedades y su bajo coste lo han convertido en un material imprescindible: se emplea en superficies, suelos, envases o bolsas, utensilios antiadherentes, aislantes…

► La gran variedad de plásticos ha resultado ser una ayuda inestimable en medicina.

► Se utilizan en la elaboración del material de sutura, en las válvulas del corazón o en las de drenaje, en las lentes implantadas en una operación de cataratas, en las operaciones de hernia o en la reparación de arterias.

12 **Según los expertos** **LA 7**

A. Inserta los elementos de los globos en las frases. A veces, hay varias posibilidades. Señálalas y observa si hay entre ellas alguna diferencia. Léelas en voz alta prestando especial atención a las pausas y a la entonación.

1. Las industrias que siguen teniendo grandes beneficios deberían hacer más contratos de trabajo.

   a pesar de la crisis económica

   – Las industrias que, *a pesar de la crisis económica*, siguen teniendo grandes beneficios deberían hacer más contratos de trabajo.
   – Las industrias que siguen teniendo grandes beneficios, *a pesar de la crisis económica*, deberían hacer más contratos de trabajo.

2. La soja es un alimento natural que presenta numerosos beneficios para la salud.

   según los expertos

3. El descubrimiento de una vacuna contra el sida es un reto muy importante para la investigación médica.

   sin duda alguna

4. Se están produciendo muchos casos de complicaciones en operaciones de cirugía estética, incluso en aquellas relativamente sencillas.

   según la prensa especializada

5. No está claro que el Gobierno tenga intención de bajar el precio de los medicamentos.

   a pesar de las declaraciones del ministro

6. Los videojuegos son extremadamente violentos.

   incluso los que se destinan a un público infantil

7. La exportación de vinos españoles sigue aumentando de forma considerable.

   aun a pesar de haber subido mucho los precios

8. Los estudiantes reclaman una mayor presencia de las materias de humanidades en los planes de estudio.

   en particular los de economía

B. Escucha ahora, prestando especial atención a las pausas, cómo han pronunciado estas frases una serie de personas.

72-79

ASÍ PUEDES APRENDER MEJOR

13 **Adecuarse a la situación**

80-84

A. Escucha estas grabaciones y reflexiona sobre las siguientes cuestiones:

– ¿En qué lugar crees que se desarrolla cada una de estas intervenciones?
– ¿Qué relación tiene en cada caso el que habla con el/los destinatario/s?
– ¿Crees que utilizan un tipo de lengua adecuado a la situación? ¿Con qué intención?

B. Ahora, trata de reformular las frases de modo que transmitan el mismo mensaje pero en una forma adecuada a otro contexto, que debes describir.

14 **Evitar repeticiones**

En un texto bien redactado no es aconsejable repetir palabras. Transforma el texto para evitar las repeticiones resaltadas en negrita.

Utilizar correctamente una lengua no es solamente manejar bien las reglas gramaticales, sino ser capaz de adecuarnos a la situación de comunicación en la que nos encontramos: con quién estamos, en qué lugar, de qué tema estamos hablando, etc. Claro está que lo que se considera "adecuado" es diferente en cada cultura. Además, muy frecuentemente, rompemos deliberadamente con este principio para crear en nuestro interlocutor un cierto efecto, por ejemplo, cómico.
Diario de aprendizaje Impresiones sobre el progreso en mi competencia de español: 1. ¿En qué aspectos he mejorado? 2. ¿Cómo he conseguido hacerlo?

Señoras y señores, muy buenas tardes. De forma muy breve, quisiera hablarles esta tarde de los **vinos chilenos**. Los **vinos chilenos** se están convirtiendo en uno de los productos más importantes para la exportación. Desde el punto de vista económico, en la actualidad, somos especialmente optimistas: efectivamente, estamos obteniendo **vinos** con una excelente relación precio-calidad. Chile exporta cada vez mayor cantidad de **vino**. El año pasado la exportación de **vinos** se acercó a los 800 millones de dólares; pero no solo hablamos de la cantidad de **vino**, sino de la calidad de los **vinos chilenos**. La calidad del **vino chileno** está conquistando un puesto importante en los mercados internacionales y en los paladares de los aficionados a los **vinos**. Prueba de ello es que cada vez son más los hoteles y los restaurantes que cuentan en sus cartas de **vinos** con una buena muestra de **vinos chilenos** que hasta hace poco eran prácticamente desconocidos entre los consumidores de **vinos**.

Esto significa que los productores de **vinos** deben seguir elaborando **vinos** de calidad para no defraudar a un mercado en desarrollo (…)

Uno de los recursos para evitar la repetición de un término es utilizar otros que en el contexto lo puedan sustituir; o bien, elidir ese término o utilizar algún pronombre. En este texto, por ejemplo, podemos decir el vino, este producto, este importante sector de la exportación, los caldos, etc.

VINOS CHILENOS

DIARIO DE APRENDIZAJE

Impresiones sobre el progreso en mi competencia de español:

1. ¿En qué aspectos he mejorado?

2. ¿Cómo he conseguido hacerlo?

9

gente y culturas

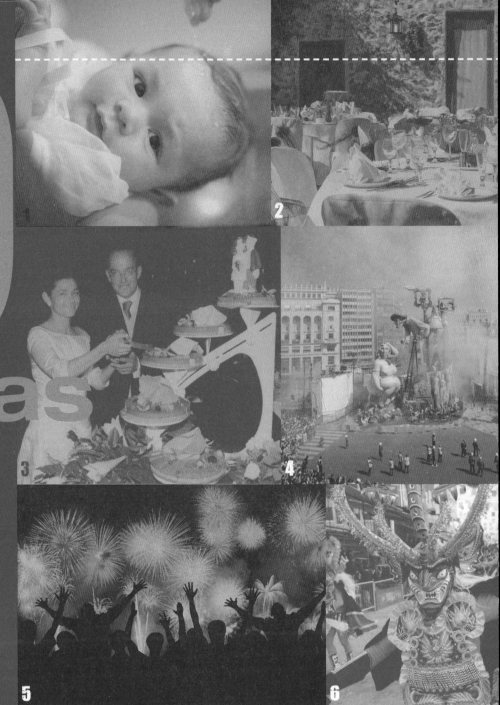

1 **Primeras palabras**

A. Aquí tienes algunas palabras y expresiones útiles para esta unidad. ¿Las conoces? ¿Puedes relacionarlas con las imágenes?

fuegos artificiales ...... fiesta popular ...... banquete ......

tarta de boda ...... boda tradicional ......bautizo ...... cena de invitados...

celebración familiar ...... ceremonia religiosa ...... carnaval ...... disfraz

B. ¿Conoces otras palabras en español que puedan ser útiles para esta unidad? Escríbelas en tu cuaderno.

GENTE Y CULTURAS

2 **Hoy, paella** `LA 4`

A. Preparar y comerse una paella es algo típico en España, pero... ¿en qué consiste realmente esta costumbre? Marca la opción que creas (✓).

1. La preparan normalmente los hombres. ☐
   La suelen preparar las mujeres. ☐
   Depende de las familias. ☐

2. Se suele pagar entre todos. ☐
   Suele invitar el dueño/a de la casa. ☐

3. Normalmente se come a mediodía. ☐
   Lo más frecuente es comerla por la noche. ☐

4. Se prepara cuando hay algo que celebrar. ☐
   Puede prepararse un domingo cualquiera como pretexto para reunirse. ☐

5. Lo más normal es que sea plato único. ☐
   Es el plato principal pero se suelen comer otras cosas. ☐

6. Se come en casa principalmente. ☐
   Se suele comer en casa o en el restaurante. ☐

7. Hay paellas caras y baratas. ☐
   Suele ser un plato caro. ☐
   Siempre es un plato barato. ☐

 B. Compara tus respuestas con las de un compañero, y decidid qué hipótesis son más acertadas.

 C. Ahora, puedes preparar una serie de informaciones sobre alguna costumbre típica de tu país: un tipo de reunión familiar o de comida, alguna fiesta popular, etc.

3 **Costumbres** `LA 2`

Piensa en algunos aspectos de tu cultura. ¿Cómo se los explicarías a un español o a un latinoamericano? Utiliza los recursos del cuadro.

¿Antes de una boda, se hace alguna fiesta? ¿Quién participa? ¿Dónde se hace y qué se hace? ¿Cuántos invitados van? ¿Cuántos días dura una boda?

lo más frecuente / normal es (que)...
se suele / solemos /...
la gente suele...

¿Cómo se recibe en una familia la noticia de que alguien decida casarse con un/a extranjero/a?

¿Qué se hace si alguien está en un hospital?

¿Celebráis la Navidad? ¿Cómo se celebra?

¿Cuál es la fiesta más familiar del año para ti?

¿Se celebra mucho un nacimiento?

¿Son importantes los cumpleaños? ¿Los de todo el mundo por igual?

4 **¿Qué se suele hacer en tu cultura?** `LA 4`

Nada es totalmente posible o imposible en una cultura, pero sí hay ciertas tendencias. ¿Se suelen o no se suelen hacer las siguientes cosas en tu cultura? ¿Se puede o no se puede? Discútelo con algún compañero.

	en mi país	en algún otro país que conozco
Descalzarse al entrar en una casa.		
En casa de un amigo, tomar algo de la nevera sin pedir permiso.		
Entre compañeros de trabajo, pedir dinero prestado.		
En un local público, besar a tu novia/o.		
Tutear a un profesor.		
Preguntar a alguien a qué partido vota.		
Preguntar a un amigo cuánto gana.		
Pedir prestado algo de comida a un vecino.		

5 **Las cosas no siempre son lo que parecen** `LA 4`

Usa los recursos del cuadro para terminar las frases, tratando de prevenir conclusiones falsas que podría sacar el interlocutor.

> no creas que
> no vayas a pensar que + indicativo + **lo que pasa es que** + indicativo
>
> **no es que** + subjuntivo
> sino que
> es que + indicativo
> lo que pasa es que

1. Sí, he sacado muy malas notas en el primer trimestre,

   pero no creas que siempre me va tan mal, lo que pasa es que últimamente no tengo mucho tiempo.

2. Hilario, cuando lo conoces, no te cae bien, pero...

   ....

3. Tienen un buen coche, una casa en un barrio muy caro; viajan mucho. Pero...

   ....

4. Habla con mucha seguridad y parece como si fuera muy culto pero...

   ....

5. Ha estado un poco agresivo contigo, es cierto, pero...

   ....

6. Es una película con muy buenos actores, hecha con mucho presupuesto, pero...

   ....

7. A primera vista parece una chica un poco tímida, pero...

   ....

8. Cuando se fue a Finlandia a vivir, todo el mundo pensaba que se arrepentiría, pero...

   ....

6 **Convivir con diferentes culturas** `LA 8`

A. Lee esta entrevista a Elisabeth Marx sobre los diferentes hábitos y valores culturales en los negocios. ¿Conoces a personas de los países que se mencionan? Localiza afirmaciones que creas que se basan en estereotipos. Luego, matízalas o manifiesta tu desacuerdo usando **no es que...**

LA VANGUARDIA   **SÁBADO, 16 OCTUBRE**

ENTREVISTA A ELISABETH MARX, CONSULTORA EN SELECCIÓN DE DIRECTIVOS INTERNACIONALES

Convivir con diferentes culturas

Elisabeth Marx, psicóloga de formación, se ha especializado en la selección y en la gestión de directivos internacionales. Autora del libro *Breaking through cultural shock* (Nicholas Brealey Publishing, 1999), retrata las peculiaridades de los directivos internacionales según su nacionalidad y advierte sobre la importancia de conocer las normas no escritas en distintas culturas empresariales.

– **Británicos, alemanes, franceses..., ¿qué nacionalidades están mejor posicionadas para triunfar en una carrera internacional?**

– Sin pretender caer en estereotipos, no se puede negar que existen culturas empresariales que son bastante características en determinados países.

Los británicos son muy flexibles y pueden manejarse muy bien con la ambigüedad. Pero algunas personas los encuentran demasiado ambiguos y se desconciertan porque nunca saben lo que está pasando.

En cambio, los alemanes son muy directos, muy organizados, se programan mucho, lo que los hace muy fiables, y a muchos hombres de negocios internacionales eso les gusta. Si un alemán dice: "Eso está hecho", significa generalmente que el tema está resuelto. Pero al mismo tiempo son muy in-

> "LA IMPORTANCIA DE CONOCER LAS NORMAS NO ESCRITAS EN DISTINTAS CULTURAS EMPRESARIALES"

flexibles, si cambia el programa previsto no les gusta nada y no saben qué hacer.

Los franceses también son muy flexibles. Son buenos improvisando, pero cuando hacen una presentación en una conferencia internacional, por ejemplo, les gusta cuidar la expresión y hacer discursos bien elaborados, y sus intervenciones están repletas de hipótesis, lo que a menudo confunde a sus interlocutores internacionales, que no

acaban de entender el discurso.

– **¿Qué ocurre cuando están todos juntos en una reunión de trabajo?**

– El británico intenta básicamente ser una persona que se acomoda, al francés le encanta debatir y el alemán insiste en ajustarse al orden del día hasta el último punto.

– **¿Y el estadounidense?**

– Él dice: "Estas son mis condiciones, aquí está el acuerdo, y yo salgo en avión mañana por la mañana".

– **¿Y el japonés?**

– Solo habla cuando se le pide explícitamente su opinión. Y no toma decisiones como persona individual,

sino como integrante de un grupo. En una reunión, un estadounidense tiene poder para decidir sobre un acuerdo, pero el japonés primero tiene que hablar con el resto del grupo.

– **¿Y el español?**

– El español necesita primero conocer un poco a la persona con la que va a tratar, establecer una relación y confiar en ella, antes de empezar a hablar de negocios.

En resumen, es un escenario potencial de falta de comunicación y de conflictos culturales.

– **¿Y peculiaridades de algunos de los países?**

– En Alemania, una jornada laboral larga se interpreta como que la persona no tiene capacidad para acabar su trabajo dentro del horario laboral. Y el humor no es bien acogido en los negocios.

– En Francia, las comidas de trabajo de dos o tres horas son normales, pero se debe esperar a hablar de negocios después de los postres. En Estados Unidos, el salario ayuda a definir un estatus social y no tienen reparos en preguntar a la gente cuánto gana.

 B. Ahora, imagina que *La Vanguardia* te entrevista a ti. Escribe un pequeño texto sobre cómo son los hombres o las mujeres de negocios en tu país en cuanto a los temas que se plantean en la entrevista u otros que te parezcan interesantes.

GENTE Y CULTURAS

7 Qué hacer en una celebración así `LA 4`

Imagina que un amigo o un conocido tuyo tiene que asistir en tu país a las siguientes reuniones sociales. ¿Qué consejos le darías? Usa las formas de la lista.

UN PICNIC CON AMIGOS

UNA COMIDA FAMILIAR CON TUS PADRES

UNA FIESTA DE CUMPLEAÑOS DE UNOS AMIGOS TUYOS

UNA ENTREVISTA DE TRABAJO

LA CELEBRACIÓN DEL AÑO NUEVO

1. ....
....

2. ....
....

3. ....
....

4. ....
....

5. ....
....

● Si en una entrevista de trabajo tuteas a la persona que te atiende, puedes quedar muy mal.

8 Un malentendido cultural `LA 5`

A. ¿Recuerdas algún malentendido que hayas vivido en un viaje a otro país? ¿Alguna "metedura de pata" debida a tu desconocimiento de algún aspecto sociocultural? Explica a tus compañeros qué sucedió, a qué se debió el malentendido y cómo lo solucionaste.

● Me acuerdo de que una vez que ..... y les sentó fatal que yo....

B. Entre todos trataremos de formular por escrito una serie de recomendaciones para evitar malentendidos en culturas diferentes a las nuestras.

> Para evitar y solucionar malentendidos culturales...
>
> – ....
> – ....
> – ....
> – ....
> – ....

9 **Buenos deseos** `LA 7`

A. ¿Cómo reaccionarías tú ante las siguientes situaciones? Utiliza las fórmulas de despedida con **que** + subjuntivo.

Un amigo se va de vacaciones a Australia.

Una amiga está en un hospital.

Una pareja de novios se va de viaje.

Un conocido mañana presenta un proyecto en su empresa.

Un estudiante se examina esta misma tarde.

Una amiga tiene una cita con Paco, su exnovio.

85-90

B. Escucha y comprueba si has utilizado las mismas expresiones que en los audios.

10 **¡Feliz Navidad! ¿Feliz Navidad?** `LA 6`

El escritor Quim Monzó describe a su manera cómo se celebran las navidades en España. Lee el texto y completa cada parte con el título correspondiente.

> Las uvas / Los redundantes / Las vacaciones /
> En casa y bien vestidos / Los parientes /
> El banquete navideño / La sobremesa / La lotería

Cómo llegar al 7 de enero

Quim Monzó

Con la ternura y la acidez que siempre empapan sus sorprendentes relatos, esta Navidad Quim Monzó convierte su artículo semanal en una eficaz guía para manejarse y sobrevivir a todos los tópicos propios de estas fechas.

Las fiestas navideñas –que encadenan un continuo de cenas y comidas que empieza el 24 de diciembre y acaba el 6 de enero– te hacen ver a parientes que ignoras el resto del año. Lo razonable sería decir: si no los ves durante el resto del año y vives la mar de feliz, es que en el fondo –la sinceridad ante todo– no hay ninguna necesidad de verse. ¿Por qué, pues, forzar las cosas? ¿Por qué esos abrazos sin ganas, esas sonrisas de mármol y esos besos en el aire, a tres centímetros de mejillas maquilladas en exceso?

Imprescindible comprar participaciones en todos los bares, tiendas y empresas en los que, por un motivo u otro, el ciudadano ponga los pies durante estos días. El razonamiento motor es: ¿y si el gordo de Navidad toca ahí? El ciudadano sabe que entonces verá por la tele la alegría de los afortunados y reconocerá el bar, tienda o empresa y pensará que fue idiota por haber estado ahí y no haber comprado un poco de lotería.

La forma en que cada uno se prepara para comer las uvas en Nochevieja retrata a la perfección su carácter, tanto como la grafología o la forma de peinarse. Los hay que, en un platito, pelan cuidadosamente cada uva para, luego, cuando empiecen a sonar las campanadas, no tener que ir escupiendo las pieles. Los hay que las comen tan rápidamente que ya han acabado y resulta que aún quedan cuatro o cinco campanadas por sonar. Otros van lentos, o participan del ritual con desgana tan evidente que ya han sonado las doce campanadas y ellos aún van por la tercera uva.

Por si, estos días, no tuviese suficiente con las comidas, a la que acaban sobreviene la fatídica sobremesa. En épocas menos obtusas, tras haber comido en exceso, la gente sensata se levantaba y daba un paseo por el jardín, o –a falta de jardín– dejaba el comedor y se iba al salón, a fumar y a tomar café. Hoy, la mayoría de la gente se queda en la mesa durante horas, hablando, bebiendo cafés, coñacs, carajillos, ponches, estomacales y rones escarchados, y comiendo turrones, polvorones y barquillos mientras la atmósfera se va enrareciendo cada vez más, en progresión paralela al creciente sopor de los comensales. Esa fase vergonzosa de las fiestas navideñas se denomina "sobremesa".

Es un clásico: si los niños se pasan tres semanas en casa, sin ir a la escuela, ¿es lógico que tengan que esperar al final de vacaciones, al 6 de enero, para recibir los juguetes? Si los recibiesen al inicio de las vacaciones o poco después –por Navidad, por ejemplo–, durante esas tres semanas vivirían felices. Felices ellos, por poder disfrutar de los artilugios, y felices los padres o progenitores, por tenerlos ocupados y sin dar la lata.

El resto del año, los días de fiesta van por casa con tejanos y blusa o camisa. Estos días, en cambio, sacan el traje de gala, el vestido negro, los collares, los pendientes, las corbatas que les regalaron el último día del Padre, y van peripuestos por casa, besuqueando a los que van llegando, apilando abrigos encima de las camas y corriendo hacia la cocina, a comprobar si todo funciona como debe: si el rodaballo se cuece como es debido, si los canelones se tuestan delicadamente… El momento culminante de esa imbricación entre la elegancia en el vestir y la vida casera se da cuando a la cocinera emperifollada se le cae un pendiente, rebota en el broche que lleva sobre la teta izquierda y acaba dentro de la olla en la que se cuece la sopa.

Resulta ideal para los amantes del debate político. Permite –en un momento u otro, entre el primer plato y los postres– articular un discurso parasociológico sobre las diferentes que son, por ejemplo, Cataluña y España. Puede basarse en que en Cataluña tradicionalmente la cena de Nochebuena es poco más que una cena normal y el verdadero atracón tiene lugar al mediodía siguiente, en la comida del día de Navidad. Con un poco de maña, da para despotricar durante un buen rato, los unos de los otros y los otros de los unos. En Madrid, en Sevilla, en Zaragoza o en Barcelona.

Practican esa costumbre bárbara de comer hablando de otras comidas. Se pasan todo el primer plato –sopa de cocido, por ejemplo– hablando de una paella que comieron hace un mes en Paiporta, en un viaje que hicieron a Valencia. Cuando llega el pollo relleno de ciruelas, te explican con pelos y señales el besugo que les sirvieron en Bilbao cuando fueron, durante el puente de la Constitución, a ver –¿cómo no?– el Guggenheim. No pueden comer un plato sin hablar de otro. Son vulgares exhibicionistas. Y es evidente que, de hecho, no les gusta comer sino hablar de ello.

Se parecen muchísimo `LA 9`

Completa estas frases con los pronombres **se** y **le** si es necesario.

1. Emilia .... parece mucho a su abuela Carmela. Tiene sus mismos ojos.

2. Ayer Norberto .... quedó en casa, no tenía ganas de fiesta.

3. A mi profe .... parece muy mal que no me presente al concurso de redacción.

4. Con los años le ha cambiado mucho el carácter y no .... queda ningún amigo.

5. Nora .... quedó ayer delante del cine con Rogelio pero este le dió plantón y no se presentó.

6. Estos dos bolsos .... parecen mucho, son casi idénticos aunque el de la derecha es un poquito más pequeño, creo.

7. Sra. López, le aconsejo que se compre el vestido de flores, ... queda muy bien.

8. Nunca va al circo, ... parece un espectáculo para niños.

9. No pudo conseguir el autógrafo de su actor favorito y .... quedó muy decepcionada.

10. Este parque de atracciones .... parece salido de una película de terror. ¡Qué lúgubre!

 Me resulta extraño... `LA 9`

A. Relaciona las frases de la izquierda con sus continuación lógica.

1. ¡Estamos ya a 15 de marzo! **Me sorprende**
2. No, no pienso ir a verla. **Me dan rabia**
3. Se sintió mál y se fue a casa; a Carlota **le repugna**
4. Mañana vamos otra vez al tailandés. **Me chifla**
5. Marcos, a tu madre y a mí **nos resulta extraño**
6. A mis hermanos pequeños **les vuelven locos**
7. No insistas, **me deja frío**
8. A Mónica **le pone de muy buen humor**

a. las series de televisión japonesas. ¡Se pasarían horas delante del televisor!
b. hacer ejercicio por la mañana. A mí, no tanto.
c. que todavía no me hayan enviado la invitación. Quedan solo dos semanas para la boda.
d. todo lo que me propones.
e. la comida asiática.
f. las películas con final triste.
g. que maltraten a los animales en las fiestas populares.
h. que aún no nos hayas presentado a tu novia.

 B. Escribe qué sentimientos te provocan las cosas y situaciones siguientes. Utiliza las estructuras presentadas en el apartado A.

las fiestas populares   las series de televisión   el circo   salir de noche

los videojuegos   las películas tristes   las comidas familiares

las despedidas de soltero   los fuegos artificiales   las fiestas de disfraces

● Me vuelven loco las películas tristes. Me encanta llorar en el cine.

 C. Compara tus gustos y preferencias con los de tu compañeros. ¿Son parecidos?

ASÍ PUEDES APRENDER MEJOR

13 **Culturas extranjeras**

A. Vamos a hacer un test para saber cómo te relacionas con las culturas extranjeras.

	yo	compañero/a	compañero/a
¿Crees que una lengua tiene mucha relación con la cultura y las costumbres de las personas que la hablan?			
Cuando viajas, ¿qué haces? ¿Te fijas en lo pintoresco y lo más visible o prefieres descubrir qué es lo más general y representativo de ese país?			
Cada vez que descubres algo diferente, ¿lo comparas con tu cultura?			
¿Buscas explicaciones cuando algo te parece raro? ¿Se las pides a un nativo para entender mejor su significado en esa cultura?			
¿Quieres aprender a actuar como un nativo (un español o un latinoamericano, por ejemplo) o quieres encontrar maneras de entender la nueva cultura y relacionarte con ella desde tu propia identidad?			

"Para ir más allá del aprendizaje de una o más lenguas extranjeras con sus culturas asociadas, deberemos empezar con el reconocimiento de que una cultura es un sistema aprendido, internamente coherente, característico de un grupo específico. Es un sistema desarrollado por los integrantes de dicho grupo a través del tiempo que les ayuda a enfrentarse en condiciones óptimas al entorno en el que viven. Es deseable tener conciencia del comportamiento culturalmente adquirido que uno mismo posee, y después darse cuenta de que las soluciones específicas no son más que una posibilidad de solución, ya que otras culturas quizá adopten otra."

(BYRAM Y FLEMING)

B. Compara tus respuestas con las de varios compañeros. ¿Cómo crees que hay que abordar el aprendizaje de la lengua en relación con la cultura a la que se asocia? Podéis también comentar la cita de la hoja.

DIARIO DE APRENDIZAJE

Impresiones sobre el progreso en mi competencia de español:

1. ¿En qué aspectos he mejorado?

2. ¿Cómo he conseguido hacerlo?

10 gente y emociones

1 **Primeras palabras**

A. Aquí tienes algunas palabras y expresiones útiles para esta unidad. ¿Las conoces? ¿Puedes relacionarlas con las imágenes?

sentirse eufórico...... gritar de alegría...... alegrarse......

impacientarse...... sentir cariño / enfado / ternura..... terror

tener confianza con alguien...... asustarse..... confiar en alguien......

B. ¿Conoces otras palabras en español que puedan ser útiles para esta unidad? Escríbelas en tu cuaderno.

2 **Un chico muy miedoso** `LA 1`

A. En la siguiente tabla puedes ver una serie de emociones y los adjetivos relacionados con ellas. Completa la tabla con las palabras que faltan.

sustantivo	adjetivo	sustantivo	adjetivo
(la)	eufórico/a	(la) esperanza	esperanzado/a
(la) angustia	....	(la) ternura	....
(la)	culpable	(la)	avergonzado/a
(la) desesperación	....	(el)	vergonzoso/a
(el) asco	....	(el) miedo	....
(el) entusiasmo	entusiasmado/a	(la) frustración	....
(la) preocupación	....	(la)	tranquilo/a

B. Compara tus hipótesis con un compañero y comprobad en el diccionario si son correctas.

C. Elige seis adjetivos de las tabla y úsalos en una frase, como en el ejemplo.

miedoso/a .... : *Aitor, de pequeño, era muy miedoso, no podía dormir con la luz apagada.* ....

.... : ....

.... : ....

.... : ....

.... : ....

.... : ....

D. Lee tus frases a un compañero sin mencionar los adjetivos. ¿Puede descubrir de qué adjetivos se trata?

3 **Los días soleados me ponen de buen humor** `LA 1`

A. Observa la tabla y marca (✓) qué tipo de emociones te provoca cada elemento de la lista. Añade alguno más.

	alegría	miedo	tristeza	ira	asco
la oscuridad					
el sol					
la muerte					
las arañas					
la violencia					
la soledad					
la enfermedad					
la falta de cariño					
el engaño					

	alegría	miedo	tristeza	ira	asco
la gente que se aprovecha de los demás					
la irresponsabilidad					
la corrupción					
las fiestas familiares					
la música					
un bebé					
...					
...					

B. Ahora, escribe un texto sobre cada una de estas cinco emociones: alegría, miedo, tristeza, ira y asco. Pásalo a tus compañeros y busca en clase a la persona con la que tienes una mayor afinidad emocional.

Tristeza: "A mí, me ponen muy triste los hospitales; cuando tenía cinco años me operaron y tuve que pasar dos meses en una habitación..."

4 **Emociones** `LA 4`

Lee las frases siguientes y escoge la emoción adecuada en cada caso.

cariño   pasión   miedo   satisfacción

alegría   furia   pánico   ansiedad   tristeza

1. Mariana no disfrutó demasiado en la excursión a los Pirineos; tiene .... a las alturas y no se atrevió a hacer excursiones a las montañas más altas.

2. Cada año en verano Sergio va a visitar a su hermana y a sus hijos; les tiene mucho .... a sus sobrinos.

3. Siente una .... enorme por la ópera. El año pasado, por ejemplo, viajó hasta Sidney para escuchar a su soprano favorita.

4. ¿ El viaje en barco? Terrible, nos pilló un temporal y parecía que el barco se iba a hundir. Mi esposo estaba muerto de .... en el camarote. No salió hasta que llegamos al puerto.

5. Mi amigo Ricardo está loco de .... ; al final él y su mujer han conseguido tener hijos, y son mellizos: un niño y una niña.

6. Después de todo lo que su jefe le dijo acerca de su último informe, Carol tuvo un ataque de .... , se sintió muy mal y se fue a casa. Parece que ahora ya está más tranquila.

7. Ayer Nicolás, en medio de la discusión con sus socios, tuvo un rapto de .... y destrozó la puerta de cristal al salir de la sala de reuniones.

8. Los profesores se sintieron llenos de .... al ver la gran calidad de los proyectos presentados por sus alumnos.

9. Ricardo, abrumado por la .... , decidió dejar la ciudad poco después de romper con su novia.

5 **Si pudieras...** `LA 6`

91

A. Escucha este programa de RADIO ASTORGA. ¿Cuál es la pregunta que realiza el locutor? ¿Qué razones da cada uno de los participantes para su elección? ¿Coincides con alguno de ellos?

JULIA	ROBERTO	GEMA	AGUSTÍN

B. Escribe otras preguntas que podrían hacerse a los oyentes de un programa de este tipo.

¿Con qué personaje famoso actual te gustaría pasar un día entero?

C. En clase, poned en común vuestras propuestas. Podéis elegir una de ellas y simular un programa de radio como el que acabáis de oir.

6 **Qué harías si...** `LA 6`

A. Inserta las circunstancias temporales adecuadas a cada situación. Después, contesta a las preguntas.

1. ¿Qué harías si vieras a tu compañero de piso con un montón de amigos en una fiesta salvaje?

....

2. ¿Qué harías si tu hijo/a de 14 años se negara a lavar los platos?

....

3. ¿Cómo reaccionarías si cuando estás con tu novio/a suena su teléfono móvil?

....

4. ¿Cómo reaccionarías si en el aeropuerto te dieras cuenta de que el pasaporte de tu amigo/a estaba caducado?

....

> – después de haber hablado muchas veces con él / ella
> – en el momento en el que estás besándolo/a apasionadamente
> – justo cuando estaba a punto de pasar por la aduana
> – al entrar en tu piso a las dos de la madrugada

 B. Ahora, escribe tú en tu cuaderno otras preguntas enlazando los elementos que mejor encajen.

– Comprar una casa.
– Quedarse sin trabajo.
– Cerrarse la puerta del metro.
– Estar entrando en algún lugar.
– Romperse una pierna por tres sitios.

> – justo en el momento en el que...
> – ... cuando estaba a punto de...
> – ... cuando acababa de...

7 **Cosas de la vida** `LA 8`

A. A veces el azar juega un papel muy importante en nuestra vida. Lee estas intervenciones en un foro de internet en la que dos personas describen momentos importantes de su vida. ¿Piensas que el azar se ha cruzado en sus vidas? ¿En qué momentos?

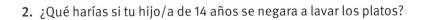
cosas de la vida: **¿cómo conociste a tu pareja?**

 Paloma administradora hoy 11:32 — Hace poco salió un foro sobre las cosas que nos gusta escuchar cuando estamos enamorados. Hoy propongo un foro sobre "cómo conociste al / a la que ahora es tu pareja". ¿Dónde fue? ¿Cómo? ¿Cuándo surgió la primera chispa?

 Lucía hoy 11:46 — Yo, hace unos años, trabajaba como secretaria en una empresa de almacenaje. Llevaba 12 años allí y estaba ya muy cansada de mi trabajo, no era nada motivador y además las condiciones laborales no eran buenas. A finales del 2010 conocí a un chico francés y me enamoré de él. Poco después, a pesar de lo que me decía mi familia, decidí dejar mi trabajo e irme a vivir a París con él, aunque no le conocía casi nada. En París, la relación no fue bien y al cabo de unos meses rompimos. Podía haber vuelto a mi ciudad pero opté por quedarme allí: al principio fue difícil pero poco a poco conseguí adaptarme y acabé después de dos años como guía turística. Me encargaba sobre todo de enseñar la ciudad a turistas españoles. Aunque yo no trabajaba los fines de semana un viernes me llamó un compañera y me pidió que la sustituyera, su hijo estaba enfermo y tenía que quedarse en casa cuidándole. Así que al día siguiente fui a recoger al grupo de turistas. Entre ellos estaba Daniel, un chico de Alicante que acompañaba a sus padres: les había regalado una escapada a París por sus bodas de plata. Y allí surgió el flechazo.

 David hoy 12:25 — En 2012 fui con un amigo, Francisco, en su coche a Madrid para asistir a un concierto rock de nuestro grupo favorito. El concierto era un viernes y al día siguiente mi familia celebraba el noventa cumpleaños de mi abuela, así que teníamos que volver a Barcelona tan pronto acabara el concierto, ¡una locura! Yo se lo había ya dicho a Fran y a este le pareció bien. Sin embargo, las cosas en Madrid se complicaron: a mitad del concierto, Fran reconoció a unos amigos y fue a saludarles. "Es solo un momento", me dijo. Pasaron unos minutos y mi amigo no volvía; le llamé a su móvil pero fue inútil, luego recordé que se había quedado sin batería durante el viaje. Al acabar el concierto intenté localizar a Fran pero, nada, imposible. Así que fui a la estación de autocares para tomar el primero que saliera para Barcelona. Por suerte, había plazas libres en el de las 7.30. Mientras estaba esperando conocí a unas chicas de Burgos, Laura y Raquel, que también habían estado en el concierto. Nos pusimos a charlar y la noche se me pasó en un santiamén. Poco antes de separarnos nos dimos nuestros teléfonos. El fin de semana siguiente Laura vino a verme a Barcelona y así empezamos. Ah, y de mi amigo Fran nunca más se supo.

 B. ¿Podrían haber sido diferentes las vidas de Lucía y David? Piensa en las decisiones que tomaron, acertadas o equivocadas, y en la intervención del azar, y escribe frases sobre ello. Sigue el modelo.

Si Lucía no hubiera conocido al chico francés, no habría dejado su trabajo.

GENTE Y EMOCIONES

8 **Le aconsejaría que...** `LA 6`

¿Cómo reaccionarías en las siguientes situaciones? ¿Qué les dirías a las personas que te plantean o han planteado problemas de este tipo?

1. Si un amigo/a te contara que se ha encontrado una cartera con 1000 euros tirada en la calle y con toda la documentación de la persona que la ha perdido.

   ● Antes de nada, le sugeriría que averiguara algo sobre la persona que ha perdido la cartera...

	diría	
	aconsejaría	
	pediría	
	propondría	+ imperfecto de
Le +	habría dicho	subjuntivo
	habría aconsejado	
	habría pedido	
	habría propuesto	
	...	

2. Si alguien te dijera que ha recibido un regalo carísimo de un vecino al que solo conoce de verse en el ascensor.

   ....

3. Si una persona te contara que no soporta a la familia de su pareja.

   ....

4. Si un familiar, la semana pasada, te hubiera pedido consejo sobre dónde invertir una cantidad de dinero importante.

   ....

5. Si unos amigos, antes de casarse, te hubieran pedido consejo sobre dónde pasar su luna de miel.

   ....

6. Si un colega de trabajo te dijera que ha decidido tener un hijo con su pareja, con la que sabes que se lleva fatal.

   ....

9 **Me siento cansado** `LA 8`

A. Busca el adjetivo que defina mejor el estado o la actuación de las personas a las que se refieren estas frases.

desconcertado/a   cansado/a   distraído/a
desganado/a   indiferente   amigable   agresivo/a

1. Me siento **como si me hubieran dado** una paliza. *cansado*

2. Actúa **como si quisiera provocar** una discusión.

3. Es **como si hubiera perdido** el interés por todo.

4. Se comporta **como si no supiera** nada del asunto.

5. En clase últimamente es **como si estuviera** en la luna.

6. Se vieron y **como si no hubiera pasado** nada entre ellos.

7. Y allí estaba parado, **como si se hubiera quedado** sin habla.

B. Ahora, escribe tú frases con la estructura **como si** + subjuntivo para referirte a una persona asustada, muy enfadada, muy relajada, muy irritable y muy triste.

10 **Problemas entre padres e hijos** LA 8

A. Dos amigos de Gabriel están hablando sobre el problema que ha tenido con su familia. Escucha la conversación y anota algunos datos: ¿por qué surgió el conflicto?, ¿quiénes estaban implicados?, ¿qué hizo Gabriel?, ¿cómo reaccionó su padre? Recoge los juicios que emite cada uno de los interlocutores.

LA AMIGA: Si Gabriel necesitaba más dinero, podría haber buscado un trabajo compatible con sus estudios.

....

....

EL AMIGO: ....

....

....

....

B. ¿Estás de acuerdo con alguno de ellos? ¿Cómo juzgas tú la situación? ¿Cómo crees que se habría podido llevar el asunto? Coméntalo con tus compañeros.

11 **Conectores**

Ordena las frases de cada bloque para que tengan sentido. Para ello, usa los conectores que precises y cambia o añade lo que creas oportuno. Escribe después un juicio sobre esos comportamientos.

> así que
> por eso
> por esa razón
> como
> porque

> – Salió la noche anterior hasta las cuatro de la mañana.
> – No oyó el despertador.
> – Llegó tarde a la entrevista de trabajo.

– Como había salido la noche anterior hasta las cuatro de la madrugada, no oyó el despertador a la mañana siguiente y por eso llegó tarde a la entrevista de trabajo.

● No debería haber salido hasta tan tarde el día anterior a una entrevista de ese tipo.

> – Lo dejó todo en la ciudad para irse al campo a vivir con su pareja.
> – Se han separado.
> – Ahora se siente muy aislada y se aburre.

> – Ella estaba convencida de su indiferencia.
> – Pablo nunca demostró abiertamente sus sentimientos hacia Carlota.
> – Ella aceptó un trabajo en Cabo Verde y se fue a vivir allí.

> – Silvia le dijo a su hija que no le gustaba nada el novio que tenía.
> – Desde entonces su relación se ha vuelto muy distante.
> – La hija se sintió muy ofendida.

> – Se rompió una tubería y se inundó su casa y la de los vecinos.
> – Tuvo que pagar todas las reparaciones.
> – No renovó el seguro de la vivienda.

> – Se pasó las vacaciones en Calatayud.
> – Esperó hasta el último momento para hacer la reserva a Menorca.
> – Finalmente ya no había alojamiento en toda la isla ni vuelos a otros lugares.

12 Gabinete de psicología `LA 8`

Imagina que formas parte de un grupo de psicólogos que tienen que valorar las aptitudes de una persona para un trabajo de asistente social. Basa tus valoraciones en el comportamiento que ha demostrado en una entrevista, de la que tienes este informe. ¿Crees que Terencio actuó correctamente?

> Informe
>
> Terencio llegó a la entrevista con diez minutos de antelación. Los entrevistadores le hicieron esperar más de media hora en la recepción y él esperó pacientemente hojeando unas revistas que había sobre una mesa.
>
> Cuando empezó la entrevista y vio que le iban a entrevistar cinco personas se puso nervioso, pero esperó a que hablara cada uno de ellos y luego les pidió amablemente que se presentaran.
>
> En ningún momento intentó mostrarse como una persona perfecta.
>
> Hubo puntos que no le quedaron muy claros, así que sugirió que podría preparar un resumen de la reunión, y que posteriormente lo podría enviar para que lo supervisaran a fin de evitar malentendidos.
>
> Cuando le preguntaron algo que consideraba demasiado personal evitó contestar. En algunos casos contestó con otra pregunta.
>
> Cuando le presentaron a la Directora General (que tenía el brazo escayolado) se quedó muy cortado, hizo un intento de darle la mano, pero acabó poniéndosela en el bolsillo sin saber cómo reaccionar.
>
> Al acabar la entrevista les comentó que necesitaba tener una respuesta lo antes posible porque había tenido otras ofertas y quería valorarlas cuanto antes.

● *Creo que hizo bien en no mostrarse como una persona perfecta; eso podría haber irritado a los entrevistadores, podrían haberlo tomado por una persona muy arrogante.*

13 Habilidades `LA 9`

A. ¿Qué habilidades crees que debe tener cada una de las personas que trabaja en las siguientes profesiones?

| **1** cirujano/a | **2** socorrista | **3** piloto de avión | **4** cocinero/a | **5** conductor/a de camiones |

| **6** presentador/a de televisión | **7** corresponsal de guerra | **8** violinista |

- ☐ Ser muy rápido de reflejos.
- ☐ Estar en muy buena forma.
- ☐ Tener muy buen pulso.
- ☐ Tener facilidad para negociar.
- ☐ Dársele bien los idiomas.
- ☐ Tener carisma.
- ☐ Tener muy buena vista.
- ☐ Tener una buena imagen.
- ☐ Ser capaz de improvisar.
- ☐ Tener buen olfato.
- ☐ Ser creativo/a.
- ☐ Tener una buena voz.

- ☐ Tener don de gentes.
- ☐ Tener muy buen oído.
- ☐ Saber desenvolverse bien en situaciones difíciles.
- ☐ Tener mucha voluntad, ser muy tenaz, muy constante.
- ☐ Tener facilidad para el estudio.
- ☐ Ser capaz de estar solo/a muchas horas.
- ☐ Tener facilidad para comunicarse.
- ☐ Ser muy flexible.
- ☐ Saber nadar.

CROC! CROC! CROC!

... Pero para la músic es un geni

B. ¿Y tú?

● *Yo podría ser cocinero; se me da bien la cocina y soy muy creativo, inventaría nuevos platos. En cambio, no podría ser violinista, soy un negado para la música, no tengo nada de oído.*

14 **Ofrezco, necesito** `LA 9`

A. Consulta la web de la asociación TRUEQUE SERVICIO en Vigo. En esta página la gente que escribe ofrece servicios a cambio de recibir otros. ¿Te interesaría alguno de ellos?

truequeservicio

ofrezco

Soy un manitas. Se me da bien cualquier chapuza manual. Puedo arreglar grifos, pintar paredes... La carpintería tampoco se me da mal del todo.

necesito

Me han regalado un coche viejo. Necesito a alguien que entienda de mecánica y que me ponga el coche a punto.
NOMBRE: Sofía Méndez

necesito urgente

Alguien que sepa ruso y quiera enseñarme. Tengo que aprenderlo en tres meses. Tengo un contrato en Moscú y empiezo en junio.
NOMBRE: Pablo Serrano

ofrezco

Soy una genio de la informática. Los programas no tienen secretos para mí. Ofrezco mis conocimientos para introducción a la informática o para salir de algún apuro en el que os haya metido el ordenador.

ofrezco

necesito

No soporto planchar. Necesito a alguien que pueda venir una vez a la semana a casa a planchar camisas.
NOMBRE: Javier Carranza

Se me da muy bien la cocina, sobre todo las pizzas y las empanadas. Tengo facilidad para contar chistes y hacer trucos de magia. Puedo organizar fiestas, para adultos o para niños. Me encargo de todo, invitaciones, comida, entretenimiento...

B. Escribe un texto para la web de TRUEQUESERVICIOS.COM ¿Qué ofreces? ¿Qué necesitas?

NOMBRE: ....

OFREZCO: ....

....

NECESITO: ....

....

C. En clase, en grupos de cinco o seis, intentad encontrar a alguien que pueda satisfacer vuestras necesidades.

ASÍ PUEDES APRENDER MEJOR

 ¡Exagerado!

Una de las características de la conversación coloquial es la intensificación. Parece que muchas veces no es suficiente afirmar o negar, preguntar o manifestar acuerdo o desacuerdo, sino que es preciso intensificar lo que decimos, exagerar. Lee la transcripción de una conversación en la que Ramón cuenta una anécdota que le sucedió cuando era pequeño. Había guardado el dinero en el calcetín por miedo a que se lo robaran. Identifica en el texto los recursos de intensificación que usan los interlocutores.

- ● (...) y nos fuimos allí a hacer las compras y cuando fui a pagar...
- ○ Claro, tenías que sacarte...
- ● Claro, la idea era que me lo quitase antes, ¿no? Antes de ir a la caja, pero se me olvidó...
- ○ ¡No!
- ● ...entonces cuando fui a pagar... ehh... me di cuenta de que el dinero estaba en el calcetín. Entonces miré a la cajera horrorizado, yo me quería morir, de verdad.
- ○ Claro. (risas)
- ● Ya, en aquel momento...
- ○ ¡Yo me muero!
- ● Pero después, pero después más. Aparte, el... el centro o sea, el hipermercado llenísimo de gente...
- ○ A tope.
- ● A tope, pero un montonazo increíble y el, el billete se había deslizado hasta el fondo del calcetín...
- ○ ¿Del dedito gordo...?
- ● Casi al lado del dedo gordo, por lo cual yo no podía quitarlo sin quitarme el zapato, que era, que era una zapatilla deportiva no muy nueva, olorosa... La verdad que apestaba. Y entonces me tuve que desabrochar la zapatilla, desatarla...
- ● ¿Y tu hermano qué hacía?
- ○ Y... y mi hermano muerto de risa y de vergüenza al mismo tiempo, pero bueno, el pobre allí detrás.

El lenguaje afectivo intenta realzar la expresión, y se sirve para ello de muchos recursos; uno de ellos es la intensificación, que tiene como fin provocar un mayor interés en la conversación, implicar más al interlocutor. En muchas ocasiones son cuantificadores: "un montón de gente"; "está muy pero que muy buena". O un uso especial de los artículos: "la de veces que se lo he dicho". Locuciones verbales: "me importa un pimiento"; "me moría de risa". La repetición: "es tonto, tonto"; "esto es café café". Expresiones que refuerzan lo dicho: "te lo juro"; "te lo digo, es insoportable". O que refuerzan lo dicho por el interlocutor: "sí, sí"; "es que no puede ser, hombre"; "se está pasando"; "¡qué fuerte!"

DIARIO DE APRENDIZAJE

Impresiones sobre el progreso en mi competencia de español:

1. ¿En qué aspectos he mejorado?

2. ¿Cómo he conseguido hacerlo?

gente
justa

 Primeras palabras

A. Aquí tienes algunas palabras y expresiones útiles para esta unidad. ¿Las conoces? ¿Puedes relacionarlas con las imágenes?

celebrar un juicio .....   jurado popular .....   fiscal .....   abogado defens

poner una multa .....   ilegal .....   culpable .....   inocente .....

acto incívico .....   conducta irresponsable .....   comportamiento altruis

B. ¿Conoces otras palabras en español que puedan ser útiles para esta unidad? Escríbelas en tu cuaderno.

2 **Me parece inadmisible** `LA 2`

A. ¿Qué piensas tú de estas cuestiones? Júzgalas según tu propio punto de vista. Trata de utilizar los recursos del cuadro.

1. En muchas culturas un hombre puede casarse con varias mujeres y, en algunas, una mujer con varios hombres.

2. La riqueza en algunos países se concentra en el 5% de su población.

3. Hay países en los que se ha legalizado la eutanasia.

4. Cada vez es más frecuente el dopaje en el deporte de alta competición.

5. Las mejores películas las ponen en la televisión de pago.

6. Muchas lenguas están a punto de desaparecer.

7. Algunos futbolistas ganan millones de euros.

8. Muy pronto se podrán hacer viajes turísticos al espacio.

Que + subjuntivo +	... me parece bien
	increíble
	estupendo
	tremendo
	mal
	fatal
	horrible
	inadmisible
	... es algo bueno
	una vergüenza
	una desgracia
	un grave problema
	una cosa muy seria
	... está bien
	mal
	... lo encuentro peligroso
	muy perjudicial
	... lo considero perjudicial
	muy negativo
	... lo veo bien
	mal
	injustificable
	...

● *Que una mujer pueda casarse con más de un hombre me parece estupendo.*

 B. Escribe, ahora, tus juicios sobre los siguientes temas.

1. Operaciones de cirugía estética.

   Considero inadmisible que la gente se gaste tanto dinero en operaciones de cirugía estética y no en cosas realmente importantes.

2. Cine estadounidense frente a producción de cada país.

   ....

3. Prohibición del uso de automóviles particulares en el centro de las ciudades.

   ....

4. Construcción de grandes rascacielos en centros urbanos.

   ....

5. Extrema delgadez en el mundo de la moda.

   ....

6. Poder de las grandes marcas.

   ....

7. Manipulación de los medios de comunicación.

   ....

 C. Ahora, puedes comentar con tu compañero tu punto de vista.

● *Yo encuentro inadmisible que la gente se gaste tanto dinero...*

● *Pues yo no lo veo tan mal...*

3 **Noticias polémicas** `LA 3`

A. Ante estos hechos, formula tu punto de vista utilizando las palabras que tienes a continuación. Escríbelo en tu cuaderno.

bien / mal	fatal	vergonzoso	una equivocación
inaceptable	discutible	justo	una maravilla
injusto	lógico	extraordinario	una suerte
impresentable	escandaloso	comprensible	un acierto
injustificable	fantástico	justificable	una muy buena noticia
inadmisible	indignante	una vergüenza	
ilógico	positivo	un escándalo	

Un vecino de Madrid, con graves problemas de insomnio, mata al perro de sus vecinos porque ladraba todas las noches sin parar.

● A mí me parece inaceptable.................

El Hospital Santa Cruz contrata a una médico como directora de la sección de neonatología. Otro de los candidatos se siente discriminado: alega que tenía mejor currículo y que se ha contratado a la Dra. Blasco por ser mujer.

El Ayuntamiento de Barranqueta multará a los ciudadanos que ensucien la vía pública con colillas, papeles, etc.

Miles de jóvenes se manifiestan para protestar por el adelanto del cierre de los bares y discotecas, que a partir de mañana será a las 2 h de la madrugada.

Una madre de alquiler, G.U.P., se niega a entregar a los trillizos que nacieron la semana pasada en Manchester. La pareja con la que había firmado un contrato presenta una querella y reclama la custodia de los pequeños.

Despiden de una clínica de Barcelona a una enfermera al averiguar que es transexual.

B. Ahora, contrasta tu opinión con la de tu compañero.

C. Busca dos noticias recientes que te parezcan polémicas y resúmelas en forma de titular. Luego preséntalas a tus con tus compañeros y dad vuestra opinión acerca de ellas.

4 **Combinaciones** `LA 3`

A. ¿Conoces todos los verbos del recuadro gris? Forma 8 frases con un elemento de cada columna.

– El Gobierno
– El abogado defensor
– La Asociación de Consumidores
– El acusado
– En mi país
– Un jurado popular
– Amnistía Internacional
– Los partidos de la oposición
– La policía

prohibir	ser responsable de
castigar	comportarse
falsificar	ser legal / ilegal
justificar	estar prohibido / permitido
denunciar	autorizar
juzgar	declarar
acusar	mentir
defender	decir la verdad
refugiarse	demostrar
cometer	sospechar
descubrir	aportar
alegar	
probar	

– un delito
– un robo
– la importación de carne de cerdo
– su comportamiento
– su conducta sobre lo que sucedió
– lo que sucedió realmente
– que el culpable es el mayordomo
– una prueba
– a su marido
– al culpable
– un documento
– bien / mal
– que había robado un coche
– conducir a los 16 años
– la culpabilidad / la inocencia

B. Elige, ahora, cinco de las combinaciones para describir algo que ha sucedido recientemente en tu país u otro que conozcas.

5 **El testamento de la tía Loreto** `LA 3`

A. ¿Como crees que es el testamento de la tía Loreto? Lee el texto en el que uno de sus sobrinos habla de la historia de su excéntrica tía. ¿A quién crees que le ha dejado estas cosas?

a El chalé en los Alpes

e El piano de cola

b El barco de vela

f El coche de Fórmula 1

i Los tres dálmatas

c La colección de escopetas

g Dos cuadros de Miró

j Los muebles de diseño italiano de la casa de Palma de Mallorca

d La avioneta

h El gimnasio

Hay que reconocer que mi tía Loreto era una mujer especial. Había heredado de sus padres una fortuna y toda su vida, hasta que murió el mes pasado, hizo lo que le dio la gana. Entre otras cosas, casarse ocho veces y prescindir totalmente de los deseos de sus maridos y parientes.

No recuerdo los nombres de sus maridos pero sí que había entre ellos personajes de todo tipo.

Uno de ellos, por ejemplo, recorría el mundo en un barco noruego buscando ruinas arqueológicas submarinas. Pero tuvo un desgraciado accidente, en el que casi se ahoga, y ahora odia el mar.

Creo recordar que otro de los maridos estuvo mezclado en asuntos turbios, y dicen las malas lenguas que perteneció a la mafia. Tras el divorcio, sin embargo, se hizo monje y actualmente vive en un pueblecillo de Sierra Nevada.

Otro de sus amores, tras una agitada vida de hombre de negocios que le llevó a la ruina, se hizo miembro activo de Greenpeace. Se dedica especialmente a la defensa de animales en vías de extinción.

Tuvo también un marido torero. Pero sufrió una grave cogida en Sevilla. Desde entonces odia a los animales.

A otro de los maridos le encantaba tocar el piano. Era muy bueno, pero nunca ha logrado tener éxito por su carácter poco luchador y poco emprendedor.

Otro de sus maridos era un hombre sencillo, con muy poca cultura pero con mucho dinero. Actualmente se dedica al negocio inmobiliario.

Uno de sus últimos maridos, veinte años más joven que mi tía, dirige un club de vela y es un gran aficionado a los deportes náuticos.

Del último, que la cuidó hasta el día de su muerte, solo sé que le apasionaban las antigüedades.

Pronto se va a abrir el testamento. Únicamente sabemos dos cosas que ella misma nos dijo antes de morir: ha dejado algo "muy inadecuado" a cada unos de sus exmaridos, y de los cinco sobrinos, solo nombra a uno en su testamento. ¿Seré yo? Yo soy profesor de español. Me gusta la vida tranquila, leer, viajar... ¿Qué habrá podido dejarme, si me ha dejado algo?

De niño, era su preferido.....

 B. Ahora pon por escrito lo que crees que ha dejado a sus exmaridos y qué debería haber hecho según tu opinión. ¿Por qué? Fíjate en que, como no sabes los nombres, tienes que identificarlos mediante: **el, el de, el del, el de la , el de los, el de las, el que**...

Probablemente le habrá dejado el barco al del club de vela, aunque creo que debería habérselo dejado al del barco noruego porque...

GENTE JUSTA

6 **Reacciones** `LA 6`

A. Escucha las siguientes conversaciones y completa la tabla. Compara tus notas con las de tu compañero.

93-99

	¿De quién hablan?	¿Qué ha pasado?
1.		
2.		
3.		
4.		
5.		
6.		
7.		

B. Observa estas expresiones para reaccionar y señala cuál o cuáles te parecen más apropiadas para cada conversación.

	conversación
Hombre, pues la verdad es que tampoco había para tanto...	1
Pues se pasó un poco, ¿no?...	
Si es que es lo mínimo que podía hacer...	
Bien hecho, eso no podía seguir así...	
Hombre, ya era hora...	
Le está bien empleado, a ver si tiene más cuidado la próxima vez...	

C. ¿De qué forma continuarías las conversaciones?

1) Hombre, pues la verdad es que tampoco había para tanto, es cierto que Javier fue un poco desconsiderado pero...

7 **Sí, pero...** `LA 4`

A. Lee las frases y observa los recursos usados para añadir un punto de vista diferente respetando lo que han dicho otros.

– **Participar** sin cobrar en una campaña **está muy bien, pero** nadie está obligado a ello.
– Que los famosos **participen** sin cobrar en una campaña **puede estar muy bien**, pero nadie está obligado a ello.
– **Es cierto que participar** sin cobrar en una campaña **está muy bien**, **pero también es verdad que** nadie está obligado a ello.

B. Ahora, trata tú de buscar "peros" a estas afirmaciones, utilizando los recursos destacados en negrita en las frases anteriores.

1. La experimentación con animales permite hacer descubrimientos muy importantes.
2. Los hombres son más fuertes físicamente que las mujeres.
3. Los niños están muy familiarizados con las nuevas tecnologías.
4. Todo el mundo puede tener un coche.
5. Existen vacunas para la mayoría de las enfermedades infecciosas.
6. Las cadenas públicas de televisión tienen menos audiencia que las privadas.
7. La ciencia ha aportado muchos beneficios a la Humanidad.

8 **Por qué lo hicieron** `LA 6`

A. ¿Puedes imaginar las razones que llevaron a estas personas a actuar de esta manera? Valora lo que hicieron, piensa qué creían o qué imaginaban en ese momento y di qué crees que deberían haber hecho.

> confiaba en que
> (no) creía que
> pensaba que
> nunca imaginó que de haberlo
>   sabido / imaginado /...
> si lo / la / los /la hubieran
>   avisado

1. Eva y Toni, su novio, crearon una pequeña empresa. Para simplificar cuestiones de papeleo la pusieron a nombre del novio. Ahora se han separado porque Toni se ha enamorado de otra compañera de trabajo. La empresa funciona muy bien. Él no quiere darle a Eva su parte.

   ● *Eva nunca imaginó que su novio fuera capaz de quitarle su parte de la empresa...*

2. La empresa le pagó toda la formación durante tres meses y ahora se ha ido a trabajar a la competencia.

   ....

3. Se casaron a los dos meses de haberse conocido. La convivencia entre ellos es un infierno.

   ....

4. Le dejó a un amigo el piso durante el verano. El amigo invitó a todos los colegas del grupo de jazz en el que toca.

   ....

5. Escribió una carta de recomendación para un empleado. Ahora se ha enterado de que este empleado ha causado muchos problemas en la nueva empresa en la que trabaja.

   ....

6. Compraron el piso en las afueras de Toledo para vivir en un lugar tranquilo. Ahora van a construir un gran centro comercial y de ocio justo enfrente.

   ....

 B. ¿Conoces algún caso en el que alguien no ha previsto o se ha equivocado mucho respecto a lo que iba a pasar? Explícalo en un algunas líneas.

GENTE JUSTA

9 De haberlo sabido...

A. Imagina qué ha sucedido antes de que se hayan pronunciado estas frases o qué está pasando en ese momento.

1. ¡Qué pena! De haberlo sabido, me habría traído un bañador.

   Hemos ido a visitar a un conocido. Tiene una piscina maravillosa y no lo sabíamos. Hace buen tiempo pero no hemos traído bañador.

2. ¡Qué rabia! Si me lo hubieran dicho, me habría traído las pastillas para la alergia.

3. ¡Qué horror! De haberlo sabido, habría propuesto que cada uno se pagara lo suyo.

4. ¡Qué pena! Habría sido mejor comprar el otro modelo más potente.

5. ¡Qué rollo! De haberlo sabido, me habría quedado en casa.

6. ¡Qué rabia! Si hubiera escuchado la radio, habría venido en tren.

7. ¡Qué mala pata! Si me hubieran avisado, habría traído el pasaporte.

8. ¡Qué vergüenza! De haberlo sabido, me habría puesto más elegante.

9. ¡Qué mala suerte! Si hubiera recibido la carta, habría participado en el proceso.

10. ¡Qué lástima! Si me hubiera enterado, habría ido corriendo.

B. Ahora, lo hacemos al revés: tienes el contexto. Inventa frases que podríamos decir usando: **de haberlo/la** + participio... o **si** + **lo/la** + **hubiera** + participio.

1. Con unos amigos hacéis una excursión por el monte. Lleváis bocadillos. A medio camino encontráis un sitio muy bonito con barbacoas y mesas.

2. Llegan de pronto unos amigos a tu casa sin avisar. Tienes la nevera vacía.

....

....

....

....

....

3. Un amigo te dice que Eva, una amiga común, está enfadada contigo porque la viste por la calle y no la saludaste.

....

....

....

....

....

....

4. El día siguiente te enteras de que ha actuado en tu ciudad tu cantante favorito.

....

....

....

....

....

10 **Justificaciones** `LA 5`

¿Cómo se podría desmentir cada una de estas acusaciones con alguna de las siguientes justificaciones? Usa las construcciones: **No es cierto / No es verdad que / No es que…, lo que pasa es que…**

ACUSACIONES
a- Mintió.
b- Es un maleducado, se fue de la reunión sin despedirse.
c- Decidió lo de comprar el coche sin consultar a nadie.
d- Elena se pasó la fiesta coqueteando con Alberto.
e- Dejó el proyecto a medias, es un irresponsable.
f- Salió de juerga hasta las 7 de la mañana.
g- Borró todos los archivos del ordenador, seguro que lo hizo con mala intención.
h- Ha suspendido porque no estudia nada.

JUSTIFICACIONES
1- Estuvo en casa de un amigo preparando el examen.
2- Lo hizo sin querer.
3- Se encontraba mal y no quería preocupar a nadie.
4- No quería herir sus sentimientos.
5- Son muy buenos amigos desde la infancia.
6- Quería darles una sorpresa.
7- Su madre tiene una grave enfermedad y él es hijo único.
8- Las matemáticas le resultan muy difíciles.

a. No es que mintiera, lo que pasa es que no quería decírselo para no herir sus sentimientos.

b. ....

c. ....

d. ....

e. ....

f. ....

g. ....

h. ....

GENTE JUSTA

ASÍ PUEDES APRENDER MEJOR

100

Un encuentro casual

A. Una de las características de la conversación coloquial es su tono vivencial y su gran carga expresiva. Escucha y lee la siguiente conversación. ¿Puedes explicar con tus propias palabras y en un par de líneas la situación?

> (...) Al final ese hombre, después de estar mirando no sé cuánto tiempo, quince minutos o veinte minutos..., se acercó a la mesa y me dijo: "Oye, ¿tú eres por casualidad la hija de Beatriz?", y yo le dije: "Pues sí, sí, sí, mi madre se llama Beatriz, pero no vive en el pueblo". Dice: "No, ya sé que no vive en el pueblo, pero ¿verdad que se llama Beatriz?, que tiene sus hermanos, y tiene tantos hermanos y tal y cual...". Y yo: "Sí, sí, soy yo". Dice: "¿Y tú no sabes quién soy yo?". Y yo dije: "Pues no, la verdad no tengo ni idea", entonces va y me dice: "Pues mira, yo podría haber sido tu padre", "Ah, pues bueno, pues nada, encantada". (...)

B. ¿Podríais representar el siguiente fragmento de la conversación? Tened en cuenta los gestos que haréis para reforzar el relato: extrañeza, sorpresa... , y la entonación propia de emociones de este tipo.

● ¿Pero a ti ese señor te suena de algo?
○ ¡Qué va! Si no le había visto en mi vida! Bueno, entonces va me dice: " Yo, yo fui a la escuela con tu madre, y a tus tíos los conozco muy bien a todos, si es que en el pueblo nos llevamos todos muy bien...". Y yo: "Sí, sí, claro, es que es un pueblo muy pequeño". Y él: "!Qué tiempos! Parece que fue ayer..." . Y yo: "Bueno, es que tengo un poco de prisa..." . Y él: " Claro, claro, bueno, pues dile a tu madre que has visto a Tomás, el de la Calleja, y le das recuerdos". Y yo: "Descuide". Y él, que no me suelta: "Es que eres clavadita a tu madre". Y yo:"Ya, ya me lo han dicho muchas veces" y digo: "Bueno, pues hasta la vista, ¿eh?" Y allí le dejé.Ya te digo, cómo es la gente...

Con mucha frecuencia en la conversación coloquial se insertan otras conversaciones mantenidas con anterioridad por uno de los interlocutores. La persona que las relata suele elegir permanecer fiel a la conversación original, relatarla tal como se produjo y además "dramatizarla" o representarla con abundancia de gestos, una entonación muy marcada que refleje cómo se expresaron los hablantes en la conversación original, e incluso cambios de posición que imitan los movimientos de dichos hablantes.

DIARIO DE APRENDIZAJE

Impresiones sobre el progreso en mi competencia de español:

1. ¿En qué aspectos he mejorado?

2. ¿Cómo he conseguido hacerlo?